城市之光——政协委员与京城特色书店

马新明

"书籍是人类进步的阶梯",一语道出了书于人类之至关重要。

人类无分种群、文化,无不是在书籍的阳光照耀下,吮吸着书籍汩汩流出的甘露,从远古徐徐走来,并走向不可预知的未来。

人类辉煌的文明,只有在书籍的记载和斑驳的历史废墟中找寻,并通过书籍不断得到传扬和新的创造。如果没有书籍的指引,我无法想象,人类将处于何种蒙昧和恐惧之境。

古今中外创造文明的国度,都有好学精进的传统。书籍就是人们学习的最好老师。当今世界,国民读书多寡,与其对人类的贡献大抵成正比。犹太人崇尚读书的传统,孕育了马克思、爱因斯坦这样的世界伟人。

中华文明,源远流长。始于何时何处,至今并没有令人信服的言说。只因得益于书籍可考记载,我们将源头溯及五千年前的三皇五帝时代。五千年来,中华民族的实践和进步,获得了不同载体的书籍的记录,并滋养出了源源不断的智慧和创造。

书籍、书店、书馆,就是这些人类伟大智慧的记载、集成和传播的场景。它们的存在,大大便利了人们获取知识。

因此,写书的人,出书的人,买书的人,看书的人,应该得到社会广泛的尊重。特别是在金钱崇拜、效益优先的时代,他们的付出与收获往往不成比例,从事这样的工作需要牺牲和坚守。我坚信,这种付出是值得的,因为人类需要知识之光的普照,如同植物的生存和发展需要阳光、空气和雨露。

我是一个嗜书如命的人,尽管不是一名称职的读者。当年饥肠辘辘时,进入书店就拔不出腿来，省吃俭用也得买上几本。大学毕业时，主动放弃了留校的机会，到北京市新闻出版局工作，主要动机是喜欢一份与书打交道的工作。后来买了房子，家里除了满满当当的书架，没有一件值钱的物件。在我眼里，书是装点房子和心灵的最好东西，也是传给后代的最好的财富。我一直有个梦想，开一家温馨典雅的书店，成天围着书转来转去，看到心仪的书静下来读读——那是一种何等幸福的生活。但是，这个梦想变得越来越渺茫，因为大多数人已经不再读书。

今天，读书看报的人愈来愈少，沉溺于游戏、电视、娱乐、微信的人越来越多，这已成为不争的事实。也许我的想法太传统或片面，但我依然坚信，读书是滋养生命和心灵的最好营养，快餐文化难以承载人类未来。人类更不能在市场经济大潮的裹挟下，迷失了方向，忘了从何而来、因何而来、去往何处。

我很敬重今天依然还在写书、出书和卖书的人，如果不是出于对知识的信仰与坚守，任何一个行业的利润都比图书行业好。但做任何事，都需要坚持，特别是做有意义的事。

书店作为读书人心目中的殿堂，是一座城市的人文风景，更是一个城市的精神灯火。可以说，有什么样的书店，就有什么样的城市。

当下，开书店尤为艰难，房租水涨船高，读书买书的人数坠崖式锐减，利润薄得像一张纸，用"举步维艰"[1]来形容不为过。无论是国有还是民营的实体书店，都在严峻的环境下惨淡经营。它们为了实现"让一部分人先读起来"的梦想，坚守着读书人最后的殿堂，呵护着城市的这道人文之光。

政协委员李士杰得知，实体书店生存艰难，阅读环境每况愈下，成

---

[1] 根据2010年相关数据，北京实体书店超过9000家，而2016年10月相关数据显示，北京市实体书店只有5544家。从全国看，2007年到2009年间，中国已有一万多家书店倒闭，近五成的民营书店关张。时至今日，有些实体书店已名存实亡。

为他忧心的事情。他走遍京城，深入城市每个角落，探访数百家实体书店，花费大量的精力，写成《京城特色书店——政协委员与实体书店》一书，意在为这些传播文化知识的人树碑立传，引起社会对他们的关心关注，并呼吁人们回归书房、书店和图书馆。

现任北京老年宜居文化协会会长的李士杰属于"老三届"，那是一个特殊历史境遇中造就的特殊人群，经历了史无前例的"文化大革命"，继而又成群结队地到农村插队落户，接受贫下中农的"再教育"。他们过早失去了上学的机会，在艰难岁月中，陪伴他们度过漫漫长夜的唯有寥寥几本被翻阅无数遍的书籍，因而对读书和书店更加情有独钟。在社会转型、时代变迁中，他们曾作为国家的中流砥柱，现如今多数人已经退休安享晚年。

作为知青一员，李士杰有一种锲而不舍的韧劲，实践着每年写一本书的诺言，令我辈实在汗颜和感佩。在他身上，让我看到了知青们共有的特殊品质——热情、执着、刚毅，不服输、不服老、不达目的誓不罢休。用我认识的一名知青韩志宇的话说，他们这群人"居庙堂之高则忧其民，处江湖之远而忧其君"。的确，他们有那么一种执着的情怀。

李士杰的执着，这次聚焦到了书店。他关注到，冯骥才、张抗抗、艾克拜尔·米吉提、蔡继明、刘明清、宋大川、丛巍、余立新、宋慰祖、马莉莉、林萍等全国和北京市政协委员、人大代表及专家学者也在为支持实体书店建言献策。他找到知音和信心，于是大声疾呼，奔走呼吁。他认为，实体书店倒闭不仅仅是书店的事，更是城市文化的危机。他说，少一家书店，就多一座监狱。虽然有些言过其实，但也不无道理。他引用一名民营书店老板的话说，实体书店容纳着读书人的梦想，是文化滋养的精神园地，开书店也是为了圆他的"中国梦"。

功夫不负有心人。2015年1月16日，北京市人大代表卫爱民提出了《大力支持实体书店生存与发展》的建议。2016年1月14日，北京市政协常委刘明清提交了《关于对北京市实体书店进行资金扶持的提案》，有多名政协委员进行了附议。提案得到北京市委宣传部、北京市新闻出版广电局的高度重视和关注，2016

年71家特色实体书店获得扶持奖励。

在调研实体书店生存状况和撰写该书过程中，李士杰经历的苦辣酸甜、风风雨雨，"如人饮水，冷暖自知"。值得欣慰的是，这些特色书店各有千秋，书店经营者都付出了热爱和坚守，这些热爱和坚守至今感动着他，迫使他急切地将这份感动传递给各位读者。

李士杰欣喜地看到，这些特色书店融入"阅读改变城市气质"大合唱之中，成为照亮北京的城市之光。他也发现，在北京这座全国政治文化中心城市里，有许多充满创造力与挑战精神的年轻人走向文化阵地的前线，投身和捍卫着实体书店的行业，犹如黄昏点亮的明灯。他们背负广大读者的精神寄托，更是在创造一种舒适典雅的生活方式。"在一个阴郁的下午，放下心情，喝一杯咖啡，读一本好书，这世界的纷扰仿佛也变得遥远了。"这将会成为每个都市人追求的心境。

北京的冬日，窗外寒连天，窗内春如海。如此安静寂寥的时刻，书店的绿植依然悠闲肆意地生长着，而咖啡的温度，恰好陪伴阅读时光缓慢地在流淌。

我不禁畅想，也许人们有一天终究会意识到走得太远了，会回归书籍，把读书当作生命的滋养和最好的享受。如果还有那么一天，我们今天出现的社会问题就会荡然无存，我们的国家就会更加生机盎然。

最后，我想表明，为别人写书序，我是万万不敢。但作为一名读书人，被士杰老兄的精神所感染，加之碍于多年老友的面子，斗胆聊表心意。序言可以不读，但这本书还是值得珍藏。人类优秀智慧的传承，需要大家协力而为。

是为序。

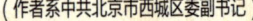

（作者系中共北京市西城区委副书记）

目　录

如果说，文化是城市的内在气质，那么书店就是一座城市的外在温度。

时光带走了故事，却留下了文字和永恒的美。

序：城市之光——政协委员与京城特色书店　　　　　　　　马新明

民营书店篇（以采访时间先后为序）

雨枫书馆——国内首家会员制的女性书馆 …………………………………… 02
纸老虎金源中心书店——国内大型民营书店的知名店 ………………………… 09
字里行间金源中心书店——2015年度民营书业最具魅力书店 ………………… 13
北京京南卫星图书城——首都南郊图书、音像制品分销集散地 ……………… 18
三希堂藏书馆——京城首家高端藏书购书体验馆 ……………………………… 23
北京蜜蜂书店——连续几年获得"年度影响力书店"的书店 ………………… 31
门头沟区斋堂镇的求知书屋——典型的大山里的书屋 ………………………… 38
百草园书店——周边教师学生等广大读者必去的书店 ………………………… 40
北京华视伟业图书音像店——多元化的文化产业 ……………………………… 44
第二书房——以家庭教育为主题的城市阅读空间 ……………………………… 49
甲骨文·悦读空间书店——全新的社区阅读品牌 ……………………………… 55
北京布娃娃书店——专业服务于儿童教育 ……………………………………… 58
北京游达书店——提供动漫爱好者所需的书籍 ………………………………… 61
北京无限时光书店——店铺销售与送货上门相结合 …………………………… 66
陶然亭书店——首批正版销售单位 ……………………………………………… 72
北京思远优觅影院书吧——影院里的书店 ……………………………………… 74
北京阳曦书店——360度全功能书店 …………………………………………… 79
单向空间·大悦城书店——听觉、视觉、触觉、味觉全方位阅读 …………… 85
盛世情书店——这里的图书更有温度 …………………………………………… 88
安尤视界艺术书店——为繁忙的都市人打造一间"大学宿舍" ……………… 93
北京博雅堂书店——中国古代文化的图书占了六成 …………………………… 95
蒲蒲兰绘本馆——连续三年被外媒评为"全球最美书店" …………………… 98
精典博维书店——集品质、品德、品位于一体的创新型的综合文化体 ……… 104
北京西藏书店——西藏文化之家 ………………………………………………… 108
绘本乐园——书店＋阅读体验中心＋儿童乐园 ………………………………… 114
关于实体书店格言名句摘录（一） ……………………………………………… 118

国有书店篇（以采访时间先后为序）

中国书店——新中国第一家国营古旧书店 ……………………………………… 120
王府井新华书店——共和国第一店 ……………………………………………… 124
商务印书馆涵芬楼书店——京城第一店 ………………………………………… 129

北京国开书苑——京城西部大型零售书店……………………………… 136
北京百万庄图书大厦——搭建互动性平台，扩展多样化活动………… 139
北京铁道书店——拥有全国最全的"铁路"图书……………………… 143
北京三联韬奋书店——全国首家不打烊书店…………………………… 147
北京知不足书店——北京出版集团阅读体验中心……………………… 152
青少年阅读体验大世界——国内规模最大、品种最全、专业性最强的青少年主题
书店和阅读推广基地……………………………………………………… 159
中关村图书大厦——作者签售12600册，创全国图书单店单日单本销售纪录 163
北京外研书店——外语学习者心中的"圣地"………………………… 166
五环书吧——搭建体育与健康交流共享平台…………………………… 171
中国新闻书店——"国"字号大型新闻专业书店……………………… 174
北师大读者服务部——典型的高校校园书店…………………………… 178
中信书店芳草地分店——服务中高端客户群的精品书店……………… 184
中图读者俱乐部——以"国际同步阅读"为经营特色………………… 190
人民大学出版社书店——为读者着想的书店…………………………… 194
王府井外文书店——国内最大的外文原版图书零售卖场……………… 200
化工书店——加强社店信息共享，加强书店建设和增加书店多元经营 205
关于实体书店对联摘录…………………………………………………… 212
关于实体书店格言名句摘录（二）……………………………………… 212
人教书苑——毛泽东主席题写了社名：人民教育出版社……………… 213
大地书院——以地球科学为主题的书店………………………………… 219
北京图书大厦——全国第一书城………………………………………… 226

调研书店的委员、专家篇（以采访时间先后为序）

中国书店的掌门人于华刚——古旧书业的传承与发展………………… 233
北京市政协常委刘明清——政府扶持实体书店可有多种方法………… 239
北京市政协委员宋大川——自幼爱读书 永远爱祖国…………………… 242
开卷公司总经理蒋艳平——用数据与信息改善书店经营……………… 246
印刷学院教授田烈旭——新技术拓展让书店涅槃重生………………… 253
民族工作专家李建辉——书店是提供文化营养的粮仓………………… 261

建议、提案与政府资金扶持篇

用量化的规则追求客观公正
北京市新闻出版广电局有关负责人谈北京市实体书店扶持项目评审工作 …… 268

北京市政府对市政协第十二届委员会第四次会议第0496号提案的答复意见…… 276
北京市新闻出版广电局关于开展2016年度北京市实体书店扶持项目征集工作的通知…… 282
北京市实体书店扶持资金管理办法（试行）…… 285
北京市实体书店扶持项目管理规定（试行）…… 289

他山之石：京城之外的特色书店篇

京城之外的特色书店——成都篇

西西弗书店——技术型、做市场的书店…… 294
今日阅读书店——用会员卡更好的服务读者…… 294
见山书局——多是关于四川人文历史、旅游攻略的书籍…… 294
成都购书中心——书店+购物中心的模式…… 294
方所书店成都店——有"书店编辑"帮您挑选好书…… 295
言几又书店成都凯德店——全国首家标准的城市创新文化一体店…… 295

京城之外的特色书店——深圳篇

24小时书吧——优雅而独立的场所…… 296
微微书吧——深圳首家无专职店员的书吧…… 296
西西弗书店深圳欢乐海岸店——进驻购物中心的书店…… 297
覔书店龙华九方店——"深圳十大最美书店"…… 297
深圳书城罗湖总店——国内首次以"书城"命名的书店…… 297
深圳书城南山店——内设23个主题特色书店…… 298
深圳书城中心城店——全世界单店经营面积最大的书城…… 298
宝安书城——创客云集笑傲江湖的根据地…… 298

京城之外的特色书店——西安篇

自由穿行书吧大唐西市店——隐于闹市的一片"静"土…… 299
猫的天空之城书店——有"寄给未来"的特色服务…… 299
西安古旧书店——封尘旧事悄然零落于此…… 300
曲江书城——1.8万平方米的城市文化生活空间…… 300
万邦书店卜蜂莲花店——一张文化名片的诗和远方…… 300
嘉汇汉唐书城——一个多功能现代化文化书城…… 300

后语：特色是实体书店持续发展的生命线…… 301

京城特色书店——政协委员与实体书店
民营书店篇

雨枫书馆
——国内首家会员制的女性书馆

民营的雨枫书馆被简称为"雨枫",在北京书店业中很有名,这是因为一位叫许春宇的70后女老板倡导天下女人"做书女",并于2007年1月在北京创立了国内首家会员制的女性书馆。

这家独特的女性书馆,就是以其独特、专属的书香吸引着更多爱书的"书女"走进书的世界,让脚步停留,让心行走——让自己变得更加优雅、更有吸引力。

雨枫主体客户群为25至45岁女性,其中妈妈会员占比65%以上,她们的阅读选择将直接影响其孩子与家庭的阅读选择。雨枫的特色服务包含:"阅读服务",自由借阅、优惠购书、图书回购等;"互动服务",参加书女沙龙、书女学堂、书女电影、申请选书委员、书女大使等;"增值服务",雨滴咖啡、阅读账号、企业书栈、青少年读书会、妈妈读书会等;"延伸服务",艺术教育、微艺课堂等。

在阅读方面,雨枫坚持推送好书及延伸阅读推荐;坚持每周举办经典影片赏析活动;保持每周举办2至4场次的读书会、作家见面会、父母课堂、儿童阅读、单身派对、生活沙龙等各类文化沙龙活动;还有成长课、绘画课、亲密关系、烹饪美学等学堂类活动。

经过十年的实践,雨枫以服务女性群体为特色的实体书店已实现连锁式发展。在探索实体书店创新发展方面,坚持会员制的特色化经营,以书店为平台,通过举办丰富多彩的文化活动,建设知识学习与分享社区,提供多维文化产品与优秀的阅读服务。通过建构基于阅读服务的互动社群,致力于人文关怀的社会服务性与社会价值的体现。开展特色项目的拓展与创新,实现教育与文化实践的结合,推行具体到个人的社群式文化服务。

雨枫万科书馆营业面积440平方米,是雨枫书馆和万科商业地产的首次合作,位于北京市昌平区南环路悦荟万科广场的西侧六层。书店整体布局分为图书区、阅读区和活动区,是商场内唯一的一家有特色的民营书店,藏书有30000余册,8000种,主要类别为社科、人文、经管、旅游、文艺、女性文学和儿童书。特别推荐馆藏书架里的艺术书架,有很多从海外淘回来的艺术画册和难得一见的英文、法文和中文版书籍。书馆整体装饰采用现代简约与传统古典相融合的风格,一面的落地玻璃窗可以瞭望夕阳余晖,因此靠窗的阅读区也就格外惹人喜爱;宽敞的活动区,适合承办各类沙龙活动;半私密的枫香阁和雨眠轩更为书馆增添了情趣。雨枫有依墙蜿蜒的鱼池,有葱郁的绿色盆栽,有若即若离的舒缓音乐和放置整齐的图书,映衬着女性的柔美、细致与贴心。

雨枫的消费阅读区为顾客提供咖啡、花茶、小点、手工中餐等食品。多功能活动区80平方米,设有开放式阅读台,两人或三人小椅,区域开放组合可做多用途。有主题舞台,配备大屏幕和演讲台。儿童读乐区为专为小朋友打造的多功能空间,可以承办生日聚会、才艺工作坊等。

雨眠轩,是书馆内最显幽静的独立区域,有较强中式味道,适合三五好友静坐冥想。"雨眠"二字取意韦庄的《菩萨蛮》"春水碧于天，画船听雨眠"。轩窗之外，排排书架，偶然古琴曲调悠扬，掩卷沉思，是品茗读书的好去处。枫香阁，是会员的独立阅读区，可免受打扰，做小型聚会使用。"枫香"二字取意唐诗"枫香晚华静，锦水南山影"。雨枫书馆整体营造出优雅、舒适的感觉，小角落的细巧布置格外温馨，步移而景异，如同自家的书房，是闲适、雅致的一处读书之地。

"我是雨中枫林驿站

我的存在，只为目送你

再次远行的身影"

"雨枫"二字取意自这首小诗，雨枫就是一处书香驿站。

雨枫是书店，但不只卖书，书店提供的产品是围绕每个个体的细致的"阅读服务"。致力于如何提高读者的阅读享受，包括环境氛围的营造、信息的提供和交流平台的搭建。

雨枫书馆设有儿童阅读区，里面有儿童书、书桌和玩具，满足妈妈们的需要——既能安心看书，又能照顾孩子。书店以读者的喜好设计雨枫的阅读服务：看书，最不希望有时限，在雨枫就推行"自由阅读"，不做任何约束，书架的任意一本图书都可以借阅，没有时间限定，没有阅读地点的限定，没有借阅次数的限定，享受最自由的阅读状态；因为交流是阅读的延伸，雨枫做的书友会，从"读乐之夜"的诗歌朗诵，到"女人那些事儿"的话题分享，从生活美食到旅游达人的游历分享，雨枫把"阅读"的层面立体起来；为了优化图书，雨枫成立选书委员会，网罗女性读者想读的所有优秀图书，缔造有品质的阅读服务，雨枫坚持请会员荐书，每一本会员看过的图书都做"好看的、一般的、垃圾书"的分类，尊重每个人的阅读观点，坚持阅读分享的价值。每月定期为会员奉上"阅读排行榜"和"雨枫好读推荐"，为真正好书寻找更多的知音成为书店的愿望；设立书女大使，让每个人有自己的书香知己，通过阅读这个桥梁，把情趣相同的会员相约到一起，共同提升彼此的阅读质量，让阅读不孤单。

读书这件事，还是要从孩子抓起。让书店拥有小读者，也是实体书店发展的未来。雨枫书馆坚持公益阅读推广活动，在保持每年上百场的阅读沙龙活动的基础上，从 2012 年开始，雨枫开展"阅美青少年公益读书会"活动，帮助中小学生建立良好的阅读习惯，致力于培养有品德、有见识、有独立思考能力、有创新精神的未来社会公民。阅美青少年公益读书会覆盖了中小学阶段的分年级公益指导阅读，设计了读书会特有的"阅读盒子"项目，推荐阅读书目、领读经典作品，与父母一起培养孩子的良好阅读习惯。

让顾客享受众多阅读服务，包括"书女大使""书影资料馆""书女学堂"等服务。沙龙式的氛围，"一对一的阅读服务"，不定期举办的文艺活动是雨枫的经营特色。走进书馆如同走进书的天堂——自由、随意、思考，享受阅读并使之养成习惯，追求灵魂的平静与滋养。

在成长过程中，雨枫收获了读者与社会的认可。有读者说"希望你存在，希望你更好"，这是支撑书店团队坚持走下去的源动力。雨枫所倡导的"做书女"理念已经成为众多女性追求的生活方式。

历年来雨枫书馆也收获了很多荣誉，2007 年获得全国最佳小书店奖、2009 年中央电视台财经频道创业梦想团队奖、2011 年全国十大影响力书

店、2011年北京商界彩虹心奖、2011年创新书店奖、2012年旅游卫视、北京旅游局推荐最佳书店之一，2012年最佳专业书店奖、2012年最佳创新书店奖、2013年最佳专业书店、2013年书业新锐独立策划人、2014年优秀民间读书会、2014年网易女性创业风云人物、2015年获得第五届书香中国·北京阅读季金牌阅读推广人、"最美阅读空间"奖、2015年第十届中国北京国际文化创意产业博览会"最佳展示奖"、2015年昌平区"特色阅读空间"、2015年创新公益奖、2015年海淀文化创意产业协会副会长单位等、2016北京阅读季颁发的"最佳合作机构"等奖励。

　　雨枫书馆创建以来，接受过中央电视台、《环球时报》等上百家媒体的采访与报道。2016年4月，《纽约时报》记者用连续一周的时间，采访雨枫创始人许春宇和十多位雨枫会员，比较深入地报道了雨枫。

　　实体书店的存活要依靠自己独特的定位，我称呼许春宇为许店长，我很佩服她对自己"做书店"的执着和坚守。她是位非常独立自信的女性，在当前实体书店经营很难维系的今天，她却要"大干、快上"。

　　雨枫书馆作为特色实体书店，将自身的发展定位为"可能生活的多维文化空间"，是围绕实体书店创新发展理念的基础上提出来的。众所周知，实体书店面临生存困境，书店作为大众文化消费的平台，它原有的价值日趋减少。但处在转型阶段的创新型实体书店，则具有引领文化消费的可能。

京城特色书店
民营书店篇

事实上，有特色的实体书店可以促进大众文化消费的多维发展。

许店长坚信，在现阶段实体书店不会消亡，只是需要注入新的内容。实体书店已经向多维化发展，除了提供书籍之外，还有更为丰富的文化创意产品和文化教育产品。转型后的特色实体书店将能够促进大众文化消费的多维发展，是值得为之奋斗与奉献的行业，是值得政府大力支持的文化产业。

许店长想成立个"书店孵化器"。她告诉学员们：做书店是个艺术的活儿，需要好的创意、对图书的深入了解、对服务的把握，还要培养一批对图书有感情、对书店有感情的伙伴，这是一家书店能够长期坚持下去的根本。雨枫一直坚持自己的准则，没有因为经营压力的不断增大，或者只为获得更多的收益，而丢掉一些最初的设想和原则。不偏离自己的理想，也不完全沉入幻想，坚持走自己的路。

实体书店要保证自己的独立性需要经营者长期耐心坚守，需要书店运营团队成员能够长期保持对书业的情感与激情。独立的思想精神需要依靠核心人物展现和传承，所以每一家独立书店要想长久坚持下去，首要困难是解决"人"的长期坚守问题。现在社会给予人们的是急迫与功利的价值观，要长期做一件事情，需要耐得住寂寞、需要保有激情、需要怀抱大爱！

书店的店长永远在路上。

雨枫书馆

雨枫万科书馆
地址：北京市昌平区南环路悦荟万科广场西侧六层
电话：010-60743302

雨枫清华书馆
地址：海淀区成府路69号，距清华大学南门200米
电话：010-62701928

雨枫百盛书馆
地址：复兴门内大街101号百盛购物中心北楼六层
电话：010-80256545

雨枫太合书馆
地址：清华慧谷科技园内，太合妇产医院一层

雨枫书馆会员中心
地址：朝阳区北辰东路8号汇欣公寓内

纸老虎金源中心书店
——国内大型民营书店的知名店

北京纸老虎文化交流有限公司（简称纸老虎金源中心书店）是1999年成立的一家全品种、综合性、区域性书店，自成立以来一直致力于图书、期刊、音像等文化产品的传播与经营。

旗舰店金源中心书店位于海淀区远大路1号金源购物中心5层，是学校、国家单位和大型社区集中区域，图书经营面积达1500平方米，被服务人群约500万人，拥有会员40余万人，其中VIP高端会员达14万人。书店图书种类齐全，包含有经管、文学、少儿、教辅、社科、生活等全品类，开业至今累计纳税2000多万元。

通过17年的坚守及专注发展，纸老虎书店已经成为学生周末、假期以及社会各界群众闲暇时阅读的首选之处，其社会公益价值远远大于经济价值，对推动地域文化建设起到了非常大的作用，已经成为北京市海淀区金源中心"文化地标"，对城市文化发展具有重要的示范引领作用。"纸老虎"品牌也已深入人心，成为国内大型民营书店的知名品牌。

北京纸老虎文化交流有限公司旗下包括：北京纸老虎文化交流有限公

司、北京纸老虎图书有限公司、纸老虎文化休闲广场、纸老虎在线等等。作为辐射京城的大型民营书店，目前公司在北京拥有4家大型连锁书城，总面积达13000余平方米，包括实体书区、文具、教育等区域。

连锁经营网店除金源店外，还有昌平三店，总经营面积约3000平方米。回龙观店2007年6月开业，经营面积1500平方米，位于北京超大型文化社区回龙观北店时代广场（四层）。龙德店2008年5月开业，经营面积1000平方米，位于北京市昌平区立汤路186号龙德广场五层。永旺店2010年10月开业，经营面积500平方米，位于昌平区北清路永旺国际商城二层。昌平三店地理位置处于北京郊区，对提高农村居民素质及文化素养做出了巨大贡献。将相对人流量不足、条件艰苦、购买力较弱的天通苑龙德店、回龙观北店建设为"社区书店"，服务区域涵盖了天通苑及回龙观地区60多所中小学及整个奥林匹克中心以北地区。北清路永旺店自开业以来为当地精神文明建设做出了积极贡献，已成为周边群众的精神文化加油站。

在网络经济的冲击下，纸老虎金源书店为扩大实体书店影响，促进实体书店销售业绩，进一步发展"纸老虎"书店品牌，目前已经初步形成实体与线上结合的现代化推广经营模式，成为覆盖北京市城区的网络书店。

我们到纸老虎金源中心书店调研时，书店的曹章琼女士告诉我，他们下一步将打造"纸老虎在线"精品书店，在未来三年内，争取覆盖国内一线城市，使"纸老虎在线"成为国内高端精品电子书城。计划进一步对目前使用的销售管理系统进行信息化、数字化改造，开通移动支付、移动商城，集成微信、微站等新兴宣传载体，为未来的O2O现代化发展模式打造基础，以满足现代数子化产业需求。另外，进一步对实体店面进行改造升级，提升店面环境，提高服务质量，优化书店产品结构，积极向其他文化领域和周边拓展，如纸老虎定制文化礼品、文具饰品、休闲餐饮、游戏动漫、教育培训等，以适应现代新型业态的多元化主题经营模式，满足读者多样化的文化消费需求，将纸老虎书店建设成为以图书阅读为主的多元化文化中心。

纸老虎书店将以网店和实体书店相结合的方式，实现资源共享和同步，线上购买，线下体验，扩大宣传和营销力度，满足未来市场的持续发展和定位需求；积极倡导"全民阅读"，为实现"中国梦"，打造"书香中国"而力争立足于我国民营实体书店之前列。

我们深信并预祝纸老虎书店成为我国民营实体书店"榜样店"！

纸老虎书店

一、金源书店
地址：海淀区远大路1号金源时代购物中心五层15号
电话：010-88874581 转 1807
地铁：10号线"长春桥"站

二、北店书店
地址：昌平区回龙观西大街北店时代广场四层
电话：010-80750203　80750206
地铁：13号线"回龙观"站

三、龙德书店
地址：昌平区立汤路186号龙德广场购物中心五层北段
电话：010-84819828
地铁：5号线"立水桥"站

四、永旺书店
地址：昌平区北清路永旺国际商城二层
电话：010-80700215
地铁：昌平线"生命科学园"站

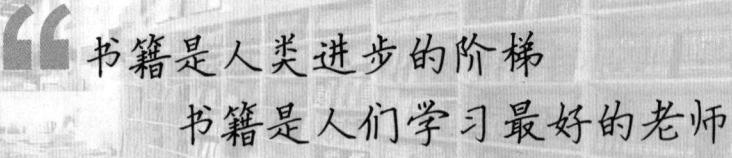

书籍是人类进步的阶梯
书籍是人们学习最好的老师

字里行间金源中心书店
——2015年度民营书业最具魅力书店

我们到西四环远大路1号金源新燕莎购物中心的4层E27门，方看见"字里行间"书店的金源中心店。

书店大概有700多平方米的面积，书多，人也多。当天是周五下午3点45分，可店里座无虚席。幸亏有位鞠远东经理，32岁的辽宁人，热情地帮助我们找了个临时座位。

聊天时，鞠经理的一句"我就是爱读书，我们的店员都是因为爱读书，才被吸收为书店店员的"话感动了我。

我问："你爱读什么书？"

他说："爱读《三国》和龙应台《亲爱的安德烈》。"

问："你们几点上班？"

答："早10点至晚10点营业。"

我又问他，今天为何来这么多人？

他说，不多。周六日人多，周国平老师来的时候，人也多（周国平每

月会来一次）。

他介绍，北京字里行间文化发展有限公司创始于1998年的北京鹏飞一力图书有限公司（凤凰出版传媒集团旗下的子公司凤凰壹力文化有限公司）旗下全资子公司。

公司下属品牌"字里行间"，倡导"让心灵舒活"的品牌理念，面向都市年轻人，是经营融合图书、咖啡、礼品的文化休闲空间。是一个面向现代都市年轻人（18至40岁）的连锁书店，贩售图书及相关文化生活百货用品。

"字里行间"——语出南朝梁简文帝《答新渝侯和诗书》。诗文有曰："垂示三首，风云吐于行间，珠玉生于字里。""字里"是经营的本源，即书本，思想的载体；"行间"是跳脱书本的载体，延伸出的更多可能。"字里行间"是文化回馈生活的一份至美之礼。

另一方面，"字里行间"的法文名，源于法文的浪漫邂逅，意为"美丽的书墨"。

2010年7月，第一家"字里行间"实体书店在北京慈云寺开业。

6年来，秉承"舒活心灵，沉淀思想"这一理念，"字里行间"始终坚持正确的文化导向，积极向读者传达积极生活态度、传播优秀思想文化、传承优良阅读传统。

6年间，"字里行间"在北京开设了12家分店，总面积达4632平方米，拥有1.5万名会员。这12家店均位于北京市的重要商区或交通枢纽，其中朝阳区6家（华贸店、嘉里中心店、慈云寺店、蓝色港湾店、中央美院店、太阳宫店）、西城区3家（金融街店、德胜门店、万寿路店）、海淀区3家（金源中心店、金源童心馆、五彩城店），充分利用位置优势扩大文艺精品、文化精粹和文化大师的影响力，成为书香北京、文化便民的一道独特风景。

在"字里行间"，消费者会置身于一个既具有中国传统特色，又符合现代人生活方式、散发着温暖的阅读空间，这里不仅为消费者提供图书、影音、创意礼品、咖啡休闲、健康素食等产品，还将服务延伸到销售之后的阅读体验和生活体验。

书店每年举办约100场文化沙龙，内容涵盖新书发布、作家见面、读者交流以及书法、古琴、茶道等各种分享、欣赏、品鉴活动。在"悦读+"的理念之下,"字里行间"对"阅读"进行了视觉以外的全面开发,使"阅读"从单一的"学习方式"转变成为立体的"生活方式"。

一店一特色

"字里行间"的所有分店拥有一致的整体风格,但每一家店都会依据自身所处的区域、消费者构成的特点进行主题定位、产品陈列与活动规划,例如:华贸店的素食和茶道、德胜门孔子学院店的中外文化交流、金源童心馆的亲子阅读等等。身处不同的"字里行间",同样的温馨与亲和,你会感受到或静雅、或深邃、或活泼的不同文化氛围。

尤为值得一提的是,为了提高读者的阅读质量、实现名家与读者的常态互动与交流,字里行间推出了"名家书屋"的概念,分别将金融街店、金源中心店和太阳宫店作为作家刘心武老师、学者周国平老师和作家崔曼莉老师的冠名书屋。每月定期举办几位老师拟定的主题活动,使得书店真正成为作者与读者联结的纽带,成为首家以在世的作家作为标识的书店,得到了众多粉丝的热烈欢迎,成为所在地区的文化地标。

权益丰富的会员制

书店的会员不仅可以享受店内商品折扣、限量免费咖啡、参加各类文化活动以及借阅书籍的权益,更可以预约使用书店内的VIP室,作为亲子互动、社交沟通的别具文化气息的平台。

  "字里行间"不仅依靠独特的定位与高品质服务建立了良好的信誉和口碑，还将公益事业放在重要位置，全力支持北京国际图书节、"书香中国"上海周以及多项扶残助残公益活动，尽己所能承担更多的社会责任。

  以"公益展示、爱心传递、平等融合"的公益文化理念为出发点，"字里行间"德胜门店、金源燕莎店和三元桥店（现太阳宫店）与北京市"心力量"公益文化传播中心联合发起的一维画廊公益连锁店已开办近四年，长期免费提供场地，作为残障儿童原创绘画作品的展示空间，有力推动了许多残障人士心理状态的持续改善，提升了他们的自信自立和融入社会的能力。

  近年来，"字里行间"获得了"最美阅读空间·书店奖"等奖项。2016年1月，由《中国出版传媒商报》和中国出版协会民营工作委员会联合举办的民营书业大会中，"字里行间"荣获2015年度民营书业"最具魅力书店"的称号。

  我们相信"字里行间"以书店这一独特载体，一定可以讲好中国特有的书香故事。

"字里行间"书店分店

慈云寺书店
地址：朝阳区慈云寺北里209号远洋未来汇二层08号
电话：010-58048850

太阳宫书店
地址：朝阳区太阳宫中路12号凯德MALL二层11号
电话：010-84430615

万寿路书店
地址：海淀区复兴路51号凯德晶品购物中心LG层10号
电话：010-88178874

德胜门书店
地址：西城区德胜门外大街129号孔子学院总部一层
电话：010-59322008

中央美院书店
地址：朝阳区花家地北里14号楼北京国际画材中心一层
电话：010-64709817

五彩城书店
地址：海淀区上地清河中街68号华润五彩城二期L268号
电话：010-82834522

金源中心书店
地址：海淀区远大路1号金源新燕莎购物中心四层4115-4116
电话：010-88895365　88895375

蓝色港湾书店
地址：朝阳区朝阳公园路6号院蓝色港湾国际商区1号楼L-SM2-K55/57/59号店
电话：010-59056163

嘉里中心书店
地址：朝阳区光华路一号嘉里中心商业B13-B14
电话：010-85296985

华贸书店
地址：朝阳区华贸中心19号会所三层
电话：010-65305799

金融街书店
地址：西城区金城坊街2号金融街购物中心B1层102-134-1号商铺
电话：010-66220330

金源童心书馆
地址：海淀区远大路世纪金源购物中心B1层
电话：010-88875615

北京京南卫星图书城
——首都南郊图书、音像制品分销集散地

　　北京京南卫星图书城简称图书城，成立于1998年1月16日，是经北京市新闻出版局行业行政批准，由北京市工商行政管理局大兴分局注册登记的民营股份合作制文化企业。图书城位于北京市大兴区兴丰南大街星城商厦四层，经营面积1518平方米。

　　图书城引进了全国知名出版社的各类优质图书8万余种，已发展成为首都南郊图书、音像制品分销集散地，成为首都南郊首家市民学习"社会大课堂"产学研基地。

　　图书城是北京市光彩事业促进会理事单位，北京市出版发行行业协会会员单位，北京市新闻出版局发行联盟成员单位，北京市大兴区工商联合会会员单位，北京市大兴区商会会员单位，北京市大兴区出版物反盗版协会理事单位。

图书城自成立至今,一直坚持以正版工作为理念,以满足全民需求为宗旨,以服务科教事业为根本,以持续创新发展为核心的企业经营思路,坚定不移地遵循"坚持为社会主义服务、为人民服务"的二为经营方针。

2006年延伸社会公共教育服务,投资创办了民办非企业——北京市大兴区京南卫星培训学校。

依托企业资源联合大兴区第一职业学校、第二职业学校创办了职业教育教学实训基地。还先后创办了青年创业见习基地、北京市中小学生校外素质教育基地、北京印刷学院教育教学实践基地。2007年开始创办以大学、中职、青年创业、中小学生、市民为服务对象的终身学习资源平台"京南微型社会大课堂"项目,以"实体书店+课堂"公益服务形式推进正版文化。这一学习平台于2010年被北京市创建学习型城市工作领导小组评选认定为"首都市民学习品牌"项目。2012年参与支持成立了大兴区出版物反盗版协会,在支持创建区域正版体系建设中做出了积极贡献。

图书城依托自身丰富的图书资源,创建实体书店主题阅读课堂。通过系列主题阅读推广活动,紧紧围绕"培育和践行社会主义核心价值观——多读书、读正版书、做高尚人"阅读

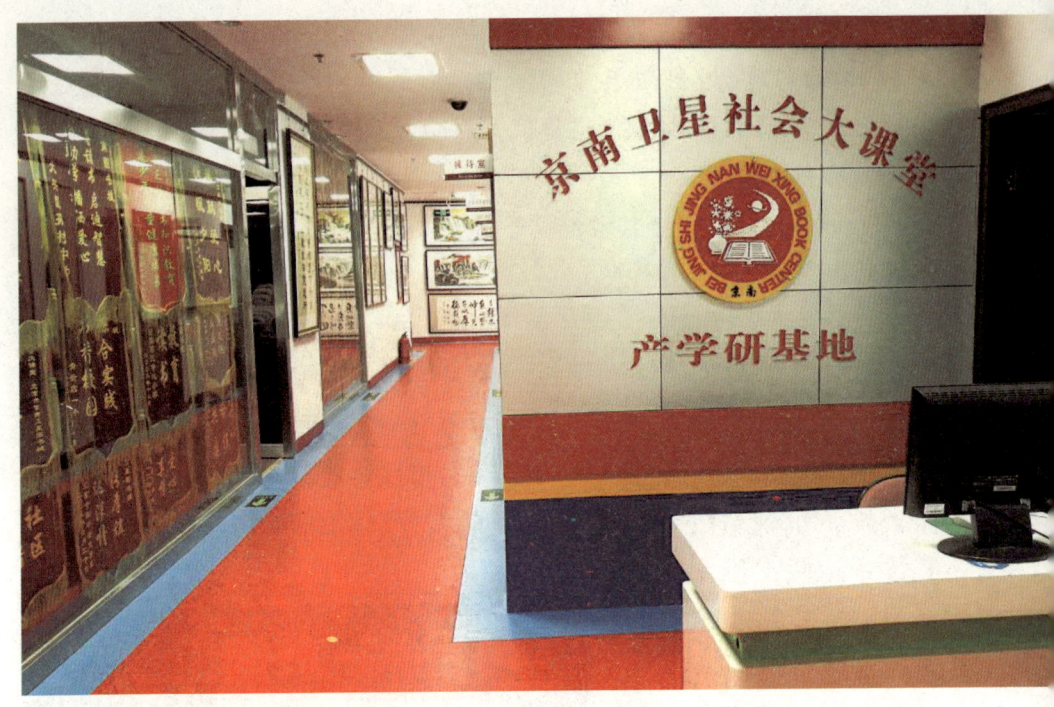

主题为主线，创新阅读方式、阅读形式，深度开展"请进来走出去主题阅读活动"，全面推进公益阅读工程，将图书销售与教育培训和旅游文化融合互动，外树形象，内聚人气，充分体现实体书店的社会价值。

图书城迄今为止承办了大兴区每年一届的"京南杯"小学生（亲子、师生）诵读大赛共六届，每年一届的小学生"读书小学士、读书小硕士、读书小博士、读书小状元"评选活动共三届，每年受益民众近20万人，为推进区域全民阅读做出了积极贡献，得到了政府部门及社会民众的好评。

2004年，被中国书刊发行协会、中国科技发行委员会授予全国民营书店"科技图书优秀经销店"称号；2005年，被北京市版权局授予"正版产品销售示范单位"；2006年，被大兴区妇女联合会授予"巾帼文明示范岗"；2007年，被北京市新闻出版局推选，代表北京民营图书发行企业参加由文化部、国家广电总局、新闻出版总署与北京市人民政府共同举办的首届中国北京国际文化创意产业博览会，并荣获"最佳展台奖"，被北京市使用正版软件工作领导小组评为"北京企业使用正版软件工作示范单位"并荣

获北京企业使用正版软件工作"先进单位";2008 年,被大兴区职业教育集团评为"加强校企合作、服务经济发展先进企业",被北京市教委评选为"北京市中小学生社会大课堂"资源单位;2009 年,被共青团大兴区委员会、大兴区劳动和社会保障局授予"大兴区青年创业见习基地",被大兴区精神文明建设委员会授予"大兴区文明单位",被北京市工商联合会评选为"北京市文明单位",被北京市教育委员会认定为"北京市中小学生社会大课堂资源单位";2010 年,被北京市新闻出版局(版权局)授予"北京市新闻出版和版权工作先进集体""北京出版物发行行业诚信企业",被北京市工商联合会再次授予"北京市文明单位",被大兴区教育委员会授予"大兴区中小学生社会大课堂示范基地";2011 年,被中国书刊发行行业协会授予"全国文明店堂",被北京市工商联合会、北京市光彩事业促进会授予"光彩公益之星";连续被北京市大兴区出版物反盗版协会授予 2012 年度、2013 年度、2014 年度"反盗版工作先进单位"。

为贯彻落实党的十八届六中全会会议精神,面对新形势、新挑战、

新机遇、新要求，图书城作为新闻出版实体书店，坚定不移地紧紧守卫住宣传思想文化主阵地、公共服务主渠道，发挥好中国特色社会主义事业意识形态的重要阵地、传承民族文化重要载体的作用，为传播和践行社会主义核心价值观，为营造书香社会，推动全民素质提升做出积极贡献。

  图书城总经理车中华在向我们介绍书店的经营特色时说，一是请进来，二是走出去，三是大力弘扬和坚持正版文化，第四是创办京南卫星培训学校和京南国际旅行社。通过红色游学课程、国学游学课程配套图书，推动全民旅游新概念，形成旅游图书互动式销售。

  与我们同去书店调研的开卷公司的副总经理贾昀菲握住车总经理的手说："您为了销售图书还真是想了许多办法！向您致敬！"

  我们也有同感：图书城不容易！车总经理不容易！向车总经理致敬！

北京京南卫星图书城

地址：北京市大兴区兴丰南大街西侧（星城商厦四层）
电话：010-69268643　69209936
地铁：4号线至"黄村西大街"站西出口，往东100米红绿灯右转星城商厦东门
公交：搭乘937路至"星城商厦"站

三希堂藏书馆

——京城首家高端藏书购书体验馆

　　三希堂藏书馆位于北京国际中心安联大厦，总面积 300 平方米，成立于 2009 年 10 月，是北京若愚文化发展有限公司斥资打造的国内目前唯一一家以当代藏书为主题，集展览、展示、销售于一体的专业场馆，京城首家高端藏书购书体验馆。

　　半圆形场馆分设"线装图书展区""艺术图书展区""经典图书展区""古旧图书展区"等四大国内精品图书陈列区，汇集了当今国内最具文化高度、最具艺术品位、最具收藏价值的大型图书及特色图书千余种，完美的展示，专业的推介，完善的服务体系，构成了国内独一无二的精品藏书鉴赏、购藏场所。读者置身这半圆形的馆内，可赏、可谈、可休憩、可品茗，完全沉浸在古典书籍的海洋里，仿佛穿越到古代优雅的文人时代。

左起：小邓、黄道京、黄亮、蒋艳平、李士杰、刘明清、老李、褚林奇

我们一行人要"翻"看珂罗版《柳公权神策军纪圣德碑》，重拾古人读书的雅趣，于是在工作人员指导下，轻轻取出躺在书床上的该书。工作人员说："古人看书不用手翻，因为手上有汗，大都用翻尺翻看，一旦哪一页好，值得细看，再用镇尺压住。"我们照着一一履行。

书店的黄副总说："该书一直深藏于国家图书馆地库，采用珂罗版复制技术才使国宝得以与普通读者谋面。这部书目前全球只有399人拥有，售价19800元。现在除了这部样书外，已全部售罄。"

三希堂藏书总经理付双全说，三希堂藏书馆是京城首家以藏书为主题的体验式购书馆，这些古籍由公司与有关部门合作，复制而成。"与过去倡导的大众出版理念不同，随着出版市场和读者人群的细分，高端出版和高端读者同样需要打造。"付双全盯上了新善本这块未开发的市场，"若干年后，原则上这些新善本可以上拍。"

体验馆开业以来，固定客户中多为成功人士，购买力较强。对此付双全说："大部分读者不消费也没有关系，走进来尽心体验古籍的特有魅力，我们一样欢迎。"他认为,如今更需要提倡的是高雅的文化阅读。

作为京城独一无二的文化主题地标,三希堂藏书馆在开馆后短短几年时间内,即以独特的文化内涵和高端精品藏书赢得京城各界人士的关注,国内部分大型出版集团领导、社会各界的藏书爱书人士纷至沓来,亲临藏书馆参观体验购书,并给予高度评价。

《人民日报》、中央电视台、北京电视台、《北京日报》、《北京晚报》、《新京报》、《解放军报》、《中国图书商报》、《出版商务周报》等媒体记者先后莅临藏书馆进行采访,对民营书业这一大手笔的做法给予了高度评价。中央电视台科学教育频道《子午书简》栏目主持人李潘说,藏书馆的建立代表了当今民营书业发展的方向和实力,令人刮目相看。《中国图书商报》"营销周刊"主编邹玉琴说,出版业经过这么多年的发展,已经由内容主导、渠道为王的时代过渡到了消费者主导时代了。这样的时代,消费者购书过程就是一个很好的体验过程,阅读过程是一个温馨的享受过程。因此,三希堂藏书馆的建立,给消费者提供了一个享受购书便利和阅读体验的环境,不仅有利于品牌的树立,而且在专业领域形成了相对独立的价值链条,实为当今书业营销的不错手段。

部分大型出版社、企事业单位的主要领导、藏书家等相继来到三希堂藏书馆,伴着现场轻松的音乐和专业导购讲解,亲身体验赏书购书的乐趣。一大型企业的领导用"震撼"两个字说出了自己内心的感受,中国现在特色书店太少了,很多书店都在拼规模。而这里却是另一种景象:千余种当今国内最具文化高度、最具艺

术品位、最具收藏价值的大型图书及特色图书予以完美的展示、专业的推介、完善的服务体系,使我们真正体验到了三希堂藏书馆顺应当代消费理念的专业特色。我觉得小书店就应该走特色经营的路子。

  2010年6月末的一个星期天,故宫博物院院长郑欣淼,故宫博物院副院长、紫禁城出版社社长王亚民、总编辑赵国英一行放弃周日休息时间,专程来到三希堂藏书馆。郑欣淼对三希堂藏书独具的出版潜质和与众不同的品牌建设给予了高度的评价和赞赏,就今后合作出版大型项目等工作交换了意见,并当场拍板确定合作出版大型古籍影印项目故宫博物院藏《石渠宝笈》原大影印本。

  2013年至2015年,三希堂藏书馆以其京城地区独一无二的文化地标形象,先后策划组织举办了新书发布会、线装古籍交流会、学习观摩会等210场活动,平均每年举办70场。这些活动密切了书店与读者之间的联系,使三希堂藏书品牌影响力迅速扩大。以此为依托,进一步扩大营销规模,

先后与各地新华书城合作，以"店中店"模式，分别在北京西单图书大厦、王府井图书大厦、燕莎商城、天津图书大厦、南京图书大厦、济南图书大厦、烟台市新华书店、宁波书城等地建设了三希堂藏书示范店，总卖场面积达到1500平方米。所有书店的设计灵感均来自于中国传统的"天人合一"理念：悠悠的白云，淙淙的流水，传统的多宝格书架设计，天、地、人、书，和谐统一，自由而温馨。高规格的店堂设计，高品质的文化产品，复合式的产品结构，一对一的专业服务，高品位的文化沙龙，以期实现"人与书的美丽邂逅"，并成为当地城市文化地标中的新地标。

这些书店在书业营销中均具有得天独厚的优势，具有相当大的购买力的读者，和传统书店相比，其读者群体文化层次都比较高，他们的阅读兴趣可以说代表着城市精英们的阅读价值取向。尤其是近年来，随着国家对外开放政策的进一步扩大，这些书店正在成为精英阅读的一个新的风向标。

三希堂藏书是国内书业众多民营公司中独具高端产品特色的品牌运营

公司，短短数年内，已发展成为以"高品位、高品质、高价值"为特色的藏书品牌运营商，并凭借其广泛的资源积累，开发出了大量具有社会效益及经济效益的选题，逐步建立起了重点出版、线装图书、艺术图书、经典图书等四大图书品类，令国内书界刮目相看。三希堂藏书馆的建立，更加彰显了公司品牌营销的实力和魄力。

不光如此，新印的线装书也不断获得读者的青睐。近些年来，一些民营图书企业掀起了线装书产销的热潮，其中以"三希堂藏书"、华宝斋等为代表的几个规模化生产的线装企业，几乎占据了大半个线装书市场。正因为线装书装帧形式传递着古色古香、浓厚典雅的文化气息，所以在当今依然具有很强的艺术魅力。

三希堂藏书的新善本概念大约就是基于此，强调的就是品质。有品质才会有品牌，从选题策划、底本选择、精细制版、宣纸生产、彩色印刷、装帧工艺，每一个环节都充满了对品质的追求。

三希堂做新善本，立足的是传统，却不囿于传统，更多的是在推陈出新，与整个时代接轨，赋予古老图书以新的时代内涵和时代特征。选

题内容上，还可以表现当代文化艺术思想；装帧艺术形式上，在尊重传统形制的基础上，还充分融入当代设计元素，使现代人更容易去亲近古雅文化。

　　三希堂的新善本，既有传统善本的影印再造，如《石头记》古抄本系列、文渊阁《四库全书》《故宫博物院藏秘殿珠林石渠宝笈》《武英殿聚珍版丛书》《西清古鉴》等一系列珍善本，也有对当下群众喜闻乐见的内容的线装呈现，如《习近平用典》，再如《中国历代名家名品典藏系列》名家书法、连环画、年画系列等。

　　线装书是适宜捧着读的。这句话中既包含了书籍在古代稀少而倍觉珍贵的因素，也许还传达着对它不简单的制作过程的敬意。从宣纸生产到装帧出厂，三希堂藏书都严格把控生产工序，不让一个工序造成产品的缺憾。不只如此，俗气一点地说，这些每道工序都有人工参与的书，在整个工业化时代里，其升值亦是必然的。

　　我们认为，一杯清茶，一个下午，行走在线装书的世界里，人的气质也会为之大变。

三希堂藏书馆

三希堂藏书馆
地址：北京市朝阳区东三环北路38号安联大厦五层
电话：010-85879567
地铁：6号线、10号线"呼家楼"站C1出口，北京国际中心
　　　（电子地图搜索"三希堂藏书"）
公交：搭乘113路、140路、350路、402路、405路、417路、
　　　650路、673路、特8外、运通107路至"呼家楼北"站

三希堂藏书甜水园书店
地址：北京朝阳区甜水园北里16号楼北京图书批发交易市场333号
地铁：6号线"金台路"站F出口，向北直行500米
公交：搭乘502路、117路、419路、621路、973路、976路、988路
　　　至"甜水园北里"站

三希堂藏书北京西单书店
地址：北京市西城区西长安街17号西单图书大厦一层
地铁：1号线"西单"站图书大厦出口
公交：搭乘15路、22路、47路、83路、88路、102路、105电、109电、
　　　603路、604路、808路、826路至"西单(民航营业大厦)"站

三希堂藏书北京王府井书店
地址：北京市东城区王府井大街218号图书大厦B1层
地铁：1号线"王府井"站
公交：搭乘9路、67路、673路、901路

北京蜜蜂书店

——连续几年获得"年度影响力书店"的书店

北京蜜蜂图书有限公司简称蜜蜂书店,创建于2010年9月,位于中国最大的原创艺术家聚居群落——北京市通州区宋庄,主要经营文化、艺术类图书。

现在这个"蜜蜂书店"很有名,连续几年获得"年度影响力书店"的殊荣。"蜜蜂书店"不仅仅是一家书店,而是一家集出版、发行、展览、艺术活动为一体,以书为主题的特别的书店。"采集文明、传播智慧,以智慧、慈爱、勇敢之心,做弘扬正见、培育人才、福利社会、净化人心之事。"这是蜜蜂书店一以贯之的宗旨。

蜜蜂书店是宋庄这片聚居着大概7000名画家的艺术村落里唯一的书店,而蜜蜂文库也逐渐受到读者的青睐,无论是关爱书店的《独立书店,你好》系列,还是传承民艺的《碧山》《黟县百工》系列,抑或是传播美

学的"艺术经典""当代艺术"书系，都得到了出版界和专业人士的赞誉。

  2012年，蜜蜂文库被评为"民营出版年度成长企业"；2013年，蜜蜂书店获"年度全国影响力书店之特殊贡献奖"；2014年，"蜜蜂文库·当代艺术书系"获"AAC艺术中国·年度艺术出版物"提名奖，《黟县百工》荣膺本年度"中国最美的书"称号，蜜蜂书店获书香中国第四届北京阅读季"最美阅读空间"提名奖。

  蜜蜂书店累计出版图书480余种，其中文化阅读方面图书近80种，是国内相关领域出版该类型图书最多的文化公司之一。蜜蜂书店通过图书出版成功举办四届独立书店论坛，引起了整个社会的关注；蜜蜂书店出版的《中国独立书店漫游指南》成为广大读者逛中国书店的指南工具书；《北京书店地图》的编绘出版结束了北京有书店无书店地图的历史。

  著名艺术大师黄永玉2015年4月25日到蜜蜂书店购书四册并留下手书一份。

  2015年4月23日至2015年12月31日，蜜蜂书店共策划组织承办活动108场，创下平均两天一场活动的书店举办活动的纪录，通过这些活动密切了书店与读者之间的联系，使书店成为所在区域不可或缺的组成部分，成为通州及宋庄地区的重要文化地标。

  2016年5月，蜜蜂书店又进行了一次大胆尝试，基于"互联网+"思维，蜜蜂书店创办了中国第一家朋友圈书店，目前已发展来自全国的近两万读者。蜜蜂正在完成由一家农村区域书店向全国性的有影响力的书店转变。

  我和滕老师、王小英、何光宇等人走进蜜蜂书屋，书屋里的书籍和物件像磁石一样把我们紧紧地吸引了。

  轻轻地走过每一个书架，浏览着一本本似乎在向您微笑的书的封面。

在书与书的空白处间或会有一个小的摆件、一个温馨的饰物、一盆生机勃勃的绿植、一幅书画作品,这一切都会让您感到新鲜,感到心情舒畅,贪婪的目光在四处搜索着,似乎想在夹缝中不经意地找到意外的收获。长廊、书架、台阶、吧台、卫生间,所有的摆设、装饰都融进了艺术元素,都倾注着书店主人的心血。

  书店一进门,右手边全都是蜜蜂自己出版的书,足以铺开一面墙。例如《独立书店,你好》系列,还有《秋水马蹄》《物中看画》《碧山》《汉品》,装帧别具一格的《黟县百工》还获得过中国最美图书奖!顾桃导演的纪录片《忧伤的驯鹿国》和《顾桃纪录十年》放在一起,很有感觉;蔡明亮导演的书他们也在做。还有很多传记,比如《玛丽娜·阿布拉莫维奇传》都是蜜蜂书店出版的。

  蜜蜂书店的内部空间有100平方米,但高度达到了4米,整个空间被分割成若干区域,护栏和楼梯都变成了书架,台版书和大陆出版的书混

合摆放在一起，还有丰富的日本图书蔚为壮观，有《中国历代书院志》《米芾书法全集》《中国考古报告集》《甲骨缀合集》《茶道》《水墨美术大系》《康有为全集》《弘一大师全集》，这些书陈列在护栏上，让我们生出一种朝圣感。

护栏下有一个白盒子空间，里面有一尊雕塑，还有一大套书。白盒子旁边是吧台，可以喝茶或简餐。吧台前面是 CD 区，每张 CD 上都有关于 CD 内容的标签。白盒子对面是文化用品。架子上除了笔记本，还有书衣、书包。

二楼是蜜蜂书店收藏的经典古籍。

走道转角处，豁然开朗：一道彩虹楼梯仿佛迈向天堂的阶梯。有人说，书籍是人类进步的阶梯，天堂便是图书馆的模样。拾级而上，脚下的书就是一楼看到的艺术书。

蜜蜂书店三楼有独特而内敛的气质。一面墙上挂着一组大型当代艺术作品，落款"WZH"，不知何许人也，然而气势大得惊人。三个大圆圈，是三块大石头：梅石、兰石、竹石。它们安静地待在那里，不那么醒目，需要有心人用心琢磨方可悟出其中真谛。自古梅兰竹便是读书人

左起：张业宏、李士杰

之挚爱，这几个"大圈"与书店的气质相得益彰。

三楼中庭有可移动的用于图书展示的平台，上面摆放着张爱玲、高阳、海子的作品，还有《1984》《动物庄园》等外国文学作品。把这个展示台移到咖啡吧台前，就腾出了空间，面前的大屏幕与头顶的天窗可以自动开合，整个布局相当灵活。这里举行过几十场文化讲座，频率和质量都很高。活动免费，无须提前报名，现场还有咖啡甜点。

蜜蜂书店的四楼基本不对外开放，放的都是书店老板自己的藏书，不让人随意翻阅。

我们在书店老板张业宏的引领下，坐在四楼的一张办公桌旁，看到桌上摆放着文房四宝，供书画家写字画画儿。四楼有台版书和大量的古旧书、线装书、日本书以及敦煌、甲骨、金文、井上有一、清车王府藏曲本、《罗

雪堂全集》等等。

四楼的小角落里有一只小狗躲在那里，张老板说是他捡来的流浪狗，名字叫旺财。

可以说，每家书店都是有灵魂的，从书店的图书可窥见书店主人的心思和他坚守的信仰。

蜜蜂书店的老板张业宏是位出版人，还是一位很有个性的书法家，举办过大型个人书法展，出版过《苦心——张业宏书法个案研究》《乐天——张业宏书法个案研究》等专著。蜜蜂书店主要以人文、艺术类图书为主，兼营各种精美的手工艺品与文化产品。

我们大家对书店老板张业宏的评价都很高，源于他的智慧，源于他的坚守。蜜蜂书店犹如夜间点亮了一盏指路明灯，为读者照亮了前行的路，为所有书店的经营者点亮了一盏指路明灯。

北京蜜蜂书店

地址：北京通州区宋庄镇小堡村尚堡艺术区B-106号（环岛艺术区）
电话：010-60573326
交通：1. 国贸桥下搭乘808路、809路至"小堡北街"站，前行90米右侧即是
2. 地铁6号线至"北运河西"站，搭乘809路公交车至"小堡北街"站，前行90米右侧即是（电子地图搜索"蜜蜂书店"）

门头沟区斋堂镇的求知书屋
——典型的大山里的书屋

北京市门头沟区斋堂镇的求知书屋，是我去过的北京西边最远的书店。从朝阳公园自驾车在不堵车的情况下要走两个小时，因为这100多公里的路程有一半儿是山路（顺便说一句：城里有自驾车去斋堂旅游的读者，如果您家里有要废弃的旧书请您带上捐赠给这个书屋，我先谢谢您啦）。

求知书屋是典型的大山里的书屋，位于门头沟区斋堂镇东斋堂村，紧邻斋堂中学的东侧。

聊天中得知经营书屋的女老板姓王，丈夫养蜂，姓高，都是村里的农民，都是50年代土生土长的北京斋堂镇人，待人热情、朴实。

1995年，由于原来求知书屋的老板家中有事，不再经营了，女老板就接管了求知书屋，顺便照顾孩子、丈夫吃饭。

斋堂镇是山区的中心镇，距离门头沟城区70公里，周边还有两个邻镇，清水镇、雁翅镇，距离清水镇15公里，距离雁翅镇15公里。女老板本着服务山区，方便山区百姓，为山区的孩子提供方便的原则，购置他们喜欢看的书。如学生喜欢看的四大名著、童话故事、脑筋急转弯，还有《弟子规》《千字文》《百家姓》《三字经》《孝经》以及各类学习辅导材料等书籍，免得孩子们因为一本书，往返130公里去买。

由于离城区远，女老板去城里进书，都是早上坐公交车的头班车去，晚上坐末班车回。每次都是后边背着书，双手提着书，来回倒好几趟车才能回到书屋，非常辛苦。

因为手里的周转金不足，所以储存的图书仅有3000余册。书屋经营的图书种类有种植、养殖类，有中小学生作文、中小学生课外读物、学龄前儿童读物，还有养生保健、杂志、小说等书籍。

有一位坐在书屋小板凳上看书的顾客告诉我，这家书店的老板人好，善良。说他们始终把"读者至上，服务第一"的服务宗旨放在首位，20多年如一日"不容易"。他们以"坚守"来实现山区百姓能坐在书屋里"看个书、聊个天"和"歇个脚、喝口水"的愿望。

和我同去的北京市新闻出版广电局的滕副处长问这位女老板，如果政府有扶持资金给您，您准备用这钱干点什么？王老板说准备多购置一些老百姓喜欢看的书，品种多样化。另外买台好用的电脑，安装上设备，让进书店的顾客能使用上免费的无线网络，让村里的老百姓能就近学习知识，提高山区百姓知识水平和文化素质，更好地服务于新农村文化建设。

分手时，女老板希望我们能常去他们这个山区走走、看看，一再叮嘱我们别忘了再来求知书屋，如果需要山里的土特产，例如核桃、大酸枣、柿子、大苹果，提前来电话！

求知书屋

地址：北京市门头沟区斋堂镇
电话：13264134136
交通：地铁"苹果园"站，搭乘892路公交车，至"斋堂"站

左起:刘爱一、王旻、李士杰、艾克拜尔·米吉提

百草园书店
——周边教师学生等广大读者必去的书店

　　北京百草园书店成立于2000年,位于通州区玉带河西街,营业面积约200平方米,主要经营图书、期刊、文具、办公用品和学生用品。

　　我与全国政协委员艾克拜尔·米吉提、好朋友刘爱一等几个人利用休假日到这家书店调研时看到,这虽然是一家小型的区域书店,没有奢华的装修,但书店的老板和员工都能对顾客笑脸相迎,笑脸相送。

　　一位被顾客称为王旻老板的女士一边埋头整理书架上的新书,一边微笑着问我们:"您几位想买些什么书?是自己看看,还是我帮您介绍介绍?是北京城里来的吧?"还没等我们回答,王老板就朝着不远处一位30多岁的妇女喊了一声:"小琳,快给这几位倒杯茶水。"

　　当王老板知道艾克拜尔·米吉提是全国政协委员来调研了解实体书店经营状况时,就急忙忙地亲自给艾克拜尔·米吉提端来了热茶:"太谢谢你们这些政协委员了,您真是为老百姓办实事。您看,现在实体书店行业不景气，每月让我发愁的首先是3万块钱的门面房租和3万块钱的人员工资、水电费……真是快撑不下去了。"

"百草园"地处学校周边，午休时按说应该是购书高峰期。我们数了数，当天12时到13时，来买书的读者仅有5个人。

一位女学生挑了3本书。照惯例，王老板给她打75折，合计51元。女学生坚持要抹去1元钱零头。王老板皱了皱眉："这样的话，我就不挣钱了。"女学生放下50元，头也不回地走了。

王老板说："我们的卖价低得不能再低了。比如《我们的退休生活》，网上折后39.8元，我这里就卖39元。看到有读者把书拿起、放下几次，我们亏本也会卖给她，希望她下次再来。"

有人给王老板支着："出租两个柜台，房租就回来了。"

王老板说，要出租柜台，早就出租了。我只想做一间纯粹的书店，聚集一批真正的需要书的人。书店经营17年，迎来送往了数万青少年读者，经常有来自世界各地的海外学子回到书店，寻找儿时美好的记忆，还有很多的读者带着自己的孩子到店里来读书、买书，每每听见有读者说我"小时候经常来这里买书"时，就感到非常自豪。

书店的邻居——潞河中学，由美国基督教公理会创建于1867年，设有初中和高中两个学部，被北京市评为重点中学，国家级示范高中。周边一公里之内还有通州区第二中学、北苑学校、通州区第四中学、首师大附中通州校区及多所小学，幼儿园和政府机构单位。作为北京市的城市副中心教育体系更是重中之重，而百草园书店附近是通州区重点学校最集中的区域，现在已经成为周边教师学生等广大读者必去的书店，连续多年教辅书销量居通州区前列。

2016年畅销中小学教辅类图书有：帮你学、七彩课堂辅导书、大白兔语数英练习册、大白兔口算系列、薛金星小学教材全解及全练系列、写字好老师语文英语字帖、课堂直播语数英辅导书、轻巧优化练习册系列、周测月考直通名校系列练习册、北大绿卡练习册系列、讲与练英语练习册系列、黄冈小状元达标卷及其练习册系列、学校评估练习册及其卷子系列、期末冲刺100分单元卷、训练与检测单元卷、帮你学单元与期中期末卷系列和小考辅导书及其试卷等。

2016年畅销中小学教辅类图书：小学部分：帮你学辅导书及其练习册、七彩课堂辅导书、大白兔语数英练习册、大白兔口算系列、薛金星小学教材全解及全练系列、写字好老师语文英语字帖、课堂直播语数英辅导书、轻巧优化练习册系列、周测月考直通名校系列练习册、北大绿卡练习册系列、讲与练英语练习册系列、黄冈小状元达标卷及其练习册系列、学校评估练习册及其卷子系列、期末冲刺100分单元卷、训练与检测单元卷、帮你学单元与期中期末卷系列等。

小考辅导书及其试卷和小学畅销书：杨红樱淘气包马小跳系列、杨红樱笑猫日记系列、杨红樱注音童话系列、沈石溪动物小说系列、曹文轩作品系列、中国百年百部儿童文学经典书系、荒野求生少年生存小说系列、迪士尼英语经典故事系列、男孩女孩立体纸工系列、中国科普数学故事书系列、中国经典国学读本系列、中英文小故事小屁孩日记系列、国际安徒生奖大奖书系列、世界经典名著阅读馆系列、漫画植物大战僵尸武器秘密系列、雷欧幻想作品查理九世系列、幻想数学大战系列、十万个为什么系列、图画捉迷藏益智游戏书系列、兵器帝国王牌兵器系列、儿童文学金牌作家书系等。

中学生畅销辅导书系列：新课改课堂作业练习册系列、周测月考直通中考练习册系列、北大绿卡练习册系列、轻巧夺冠优化训练系列、5年中考3年模拟练习册系列、三习五练练习册系列、全优课堂中学生练习系列、学习思考行动系列、学习探究诊断系列、写字好老师中学生版系列、中学教材全解系列、新教材讲解系列、课堂直播中学系列、中学教材知识新解系列、培优新方法系列、学霸笔记及学霸错题笔记系列、考点直播系列、中考3年模拟中考系列、一本中考系列、3年中考2年模拟中考系列、状元虎题型通解系列、30套+1中考模拟试题汇编系列、北京市各区模拟及真题精选系列、百题大过关系列、初中知识清单及习题化知识清单系列、全优中考系统总复习系列、中考决策分类精选系列、初中必考知识全解系列、初中知识大全系列、无敌系列决战中考系列、薛金星北京中考零距离系列、中考必做题1000例系列、北京中考必刷题系列等。

每年的"六一""教师节"等重要节日，书店都会组织开展一系列的展销和赠书活动，通过这些活动密切了书店与读者之间的联系，更受到来自潞河中学国际部的多国学生老师一致好评，从服务到商品给他们留下了深刻印象并向他们充分展现了中国传统文化。比如文房四宝、

笔墨纸砚、京剧脸谱、风筝、剪纸、团扇、皮影等知识的普及宣传，通过交流讲解，多名外国学生对我国传统文化有了一定的了解和兴趣。

书店还经营文学、社科、音乐、美术、书法、儿童绘本、外语、法律、养生等各类图书，也经营学生文具、办公文化用品等。此外又新增了免费寻书、送书上门、线下体验、线上购书等多项服务。

近年来应读者需要增添了一些进口的优质文化用品，深得广大读者喜爱。

"百草园"有近8000本图书，王老板看过其中约1/4。只要她看过的书，就会记得作者、价格、出版社等基本资料。

她说，她爱读书，干的也是卖书的活儿，所以再难也要坚守下去。何况今年起，政府对实体书店有扶持资金，不管多少，对书店都是个鼓励。

艾委员问王老板，如果领到了政府对实体书店的扶持资金，想怎么用啊？

王老板微笑着说，准备将书店进行升级改造，增添咖啡、简餐等多项贴心服务，为读者创设更加舒适的读书、购书环境。坚持书店的服务理念——读者第一。

百草园书店

地址：通州区玉带河西街5-3号（潞河国际教育学园对面）
电话：010-69538252
交通：地铁八通线"北苑"站，搭乘809路公交车至"后南仓"站
（电子地图搜索"百草园书店"）

北京华视伟业图书音像店
—— 多元化的文化产业

  北京华视伟业文化发展有限公司简称华视伟业图书音像店，创立于2003年2月，是集图书销售、音像制作、发行、批发、连锁经营、网络销售、教育培训、文化交流为一体的多元化文化产业。

  图书音像店位于北京音像大厦，经营面积510平方米，备有各类图书800余种3万余册，还有1万余种音像制品。以全民健身为宗旨，大力弘扬中华传统文化，经营以太极拳为主的武术、健身、百科、教育、音乐类DVD、VCD、CD产品，完全拥有自主版权。

  互联网的到来，音像业不景气随之而来，这给传统实体店带来了巨大的冲击，数字音乐的快速崛起使得传统实体店市场骤然低迷，音像业传统销售渠道则加速衰落。

  自2013年以后，音像制品逐渐走向下滑趋势，互联网、数字图书、数字播放对实体店的影响很大，图书音像业实体店的经营艰难。图书音像店创始人、总经理田素学说："每天的营业收入不够房租钱，更不用说人员工资啦。2015年我们缩小经营面积，打算2017年撤店关张。"

在田素学办公桌上有他自己写的一句话："第一件好事，还是读书。"

我说，这是清代著名状元姚文田的自题联："世上几百年旧家，无非积德；天下第一件好事，还是读书"。您这对联和这句话都没写全啊。

田素学说，不用写全。我就记住：读书！读书！就行了。为什么呢？他说他在人生的低谷期，生意不好，非常苦闷。忽然有一天他阅读了一本介绍实体书店的书，使他"茅塞顿开"。同时他在报纸上看到关于政协委员、人大代表在替实体书店呼吁，政府也即将对图书音像行业出台新的扶持政策的消息，所以他有了经营发展的信心。

经过调整思路，调整"战略"方案，采取多种经营方式，与社区、学校对接，使得他们的经营有所扭转并争取不断的进步和发展，尤其是创新、延伸了图书音像中养生、武术健身类别的实用性。图书音像店中不仅有养生、武术健身类别的图书、光盘、各式练功服，图书音像店还定期组织养生、武术健身类别的讲座。

例如图书音像店请来了中国武术七段、陈氏太极拳第十二代传人、国

家太极拳指导员杜德平老师义务授课，受众免费参加。读者和听课受众回家自己对照图书和光盘，可以慢慢领悟杜老师讲解的：

一、学架子：了解规律，熟练套路；二、改架子：调整姿势，准确到位；三、顺架子：顺随自然；四、拆架子：用法明确，变化自如；五、定架子：拳架定位，久练自成。分为招儿熟、懂劲儿、神明三个阶段。太极拳变化多端，需做到慢练快用。领悟人生无处不太极等等。

图书音像店走进街道社区开展"有声音的书法课"

邀请著名书法家、北京大学兰亭书画研究院赵君院长，著名画家朱重兴、著名书法家张瑞龄先生的得意门生朱昭凯及年轻著名画家王思颖，书法老师吴胜山免费培训离退休老人们书法绘画。

中国书法是中国传统文化最重要的表现形式。书法是国粹，琴棋书画的"书"指的正是书法。书法不仅能陶冶情操，培养艺术审美，还能开发智力，拓展思维与手的灵活性，培养自信、积极、阳光、坚韧的优秀品质。书法并不神秘，贵在多练。只要跟紧老师，持之以恒按照正确的方法刻苦练习，就一定能把字写好。

学书法从篆书入手，降低门槛，培养手感和兴趣。选帖采取1+1模式，充分认同学生的兴趣原点,让学习更主动。临摹与创作双轨并行。学生掌握笔墨技能的同时,释放想象力和创造力,真正达到美育的目的,而不是培养"写字匠"。

文化与技能并重。注重同步讲授人文、典故、审美、史论等,提升个人综合能力,开阔思维和"长见识"。在课堂上设置了学生自我评论环节,既培养观察能力,也锻炼社交表达能力,学会通过语言交流,解读呈现书法的美。

学员专心投入,持之以恒,可实现五大收获:

一、观察准确,手眼协调。二、深入学习楷书,同时触及篆书、小楷或行楷书。三、掌握提、按、顿、挫、切、推、捻、抵等运笔技法。四、体会书法中的藏与露、中与侧、疾与涩、违与和、方与圆等核心知识。五、掌握各种结构类型的汉字组合要领。

邀请著名舞蹈老师施正免费培训形体健身。邀请老中医李德民医生传授医疗保健知识。

以上言传身教的各种活动积极开展的同时带动图书音像的销售,使得图书音像店成了社区之家、老人之家、健康之家。

现在图书音像店下设的市场营销中心、物流中心、项目开发、网络开发等业务部门在通州区漷县镇建立了分包车间和仓库。已同全国各省市新华书店、外文书店、京东网、淘宝网及海外等数家音像连锁企业建立了友好密切的合作关系。

为适应文化市场发展趋势，在不断稳固市场的基础上，华视伟业图书音像店成立了个性化的电子商务网络交易平台：德印商务网。

华视伟业图书音像店凭借着优质的服务和良好的信誉，已经成为有规范的、有规模的、"人气旺盛"的实体图书音像大店。

图书音像店总经理田素学说，他准备在2017年比照这个店的经营模式再开几个连锁店。

我们相信并预祝华视伟业图书音像店越做越强，越做越好！

北京华视伟业图书音像店

地址：北京市西城区马连道路14号院，北京音像大厦五层
电话：010-58390017

左起：李岩、李士杰、刘明清

第二书房

——以家庭教育为主题的城市阅读空间

在喧嚣的北京西二环内护城河边有一座漂亮的公园叫金中都公园，公园里面有一座古色古香的四合院，美丽的第二书房就坐落在这里。金中都第二书房是西城区引进社会力量采取民办公助的方式建设的社区图书馆，由于第二书房环境优雅、藏书丰富、活动高端，在阅读界享有很高的知名度，被誉为最美的社区图书馆，经常有来自全国各地的图书馆绘本馆人员参观，还有各地的政府官员甚至国外的文化代表团前来考察调研，也吸引了很多媒体的报道。这些都是"面子"，更重要的是第二书房特别重视"里子"的建设，因为他们知道，作为社区图书馆最重要的还是要为周边居民提供实实在在的文化服务，赢得社区居民的心。好看的面子与好用的里子的完美结合是第二书房的最大特色，也是最美的地方。

第二书房是国内首家以家庭教育为主题的连锁城市阅读空间。核心是"大阅读,大协同,大公益",定位于"父母学堂,儿童书馆",旨在通过精美好书、舒适环境、特色活动、优秀榜样营造出一个身边的阅读空间。是除了家庭和学校之外的"第三空间",是一个以阅读为载体的社区社交平台,在第二书房寻找大院文化,培养发小情感,涵养书卷气质,促进全民阅读。第二书房是相对于我们每一个人自家的书房而言的,家里的书房是永远的第一书房。第二书房旗舰馆位于北京海淀区橡树湾社区与西城区金中都公园,两家馆都被评为北京十大阅读示范区。目前在西安、宁波、重庆、牡丹江、淮南、长沙等地开有20余家高品质连锁书房。第二书房所到之处都成为当地知名的文化地标,还有多家正在筹备建设。第二书房已经开始立足北京,通过连锁的方式在全国开始布局,成为一张北京的阅读文化新品牌。

第二书房美在哪里呢？为什么短短的几年取得如此的发展？

一、创办者之美：这个是首都最美家庭、全国最美家庭创办的最美书房。第二书房创始人李岩，有政府、媒体、软件、互联网、投资等领域丰富的从业经验与创业经验，获得"全国十大读书人物""首届全国书香之家""首都最美家庭""全国最美家庭""最具影响力绘本馆主"等荣誉称号，被评为海淀区十大金牌阅读推广人、2016年度北京阅读季十大金牌阅读推广人、2016年度中国书业金牌阅读推广人等，成为获得阅读领域"大满贯"的第一人。太太刘称莲是知名教育专家，出版《陪孩子走过小学六年》等系列教育图书畅销百万册。女儿李若辰曾就读于北京大学中文系，出版《一认真你就赢了》，公派去美国范德堡大学读教育。拥有如此背景的图书馆创办者全国仅此一家。

二、理念之美：第二书房的定位是父母学堂儿童书馆，是全国首家家庭教育主题的图书馆，对家庭教育非常重视，他们坚信：有爱读书的孩子就有我们放心的未来，对一个家庭是如此，对一个国家更是如此！第二书房率先提出现代图书馆应该从以"书"为中心向以"人"为中心转变，重视阅读体验，想尽一切办法培养孩子的阅读习惯，把他们家成功的教育理念普及开来，惠及更多家庭，赢得了社会的极大认可，赢得了居民的信赖。

三、环境之美：第二书房的环境设计是非常下功夫的，处处体现着人性化。从环境色彩搭配、材料选择、功能设置都充分考虑到了读者，特别是小读者的需求。早在2013年建设的第一家示范馆就投入上百万元打造，开业伊始就惊艳业内，可以说第二书房带动了全国绘本馆社区图书馆的硬件环境升级换代。

四、图书之美：图书是图书馆的灵魂。第二书房的图书都经过精选，几乎每一本都有让人读下去的冲动。他们对书的选择非常严苛，创始人李岩认为，时间是最宝贵的，特别是孩子们的时间极其珍贵，必须拿最好的图书呵护孩子们的阅读兴趣、培养孩子们的阅读习惯、形成孩子们的阅读能力。第二书房的选书精良有口皆碑。

五、活动之美：第二书房拥有丰富的专家资源。他们定期邀请知名专家作者深入社区，做讲座、办沙龙，举办的活动不仅品位高而且丰富。包括手工拓展、绘本剧、绘本写作、绘本表演、绘画美育、主题教育活动、博物馆社会实践活动、亲子电影放映、节日聚会、社区跳蚤市场、图书修葺、志愿者体验日，以及父母沙龙、新书发布、专家讲座、读书会等。包括聂震宁、曹文轩、梅子涵等国内外150多位知名专家学者都来过第二书房。

六、公益之美：第二书房的核心理念是"大阅读大协同大公益"，并且身体力行。2016年联合北京阅读季、韬奋基金会发起"百城千群万里书香"大型公益阅读活动，在全国300多个城市建立近1000个微信群，每周二定期邀请国内知名专家学者进行名家讲座，已经累计进行了30多场高端的专家讲座，每次辐射各地近50万人，累计超过600万人次受益。联合爱心出版社在全国开启同城图书漂流，每一个书包精选10本好书、价值近1000元、重达15斤，已经覆盖超过200个城市，1000个豪华漂流书包分500条漂流路线发送到各地，漂流图书码洋近百万元，并在不断增加中，在社会上引起了极大的轰动。一个个漂流书包就像一个个火柴头，点燃了一个个家庭的阅读热情，一个个书包就是一个个流动的图书馆，使阅读无处不在。

同时，还利用与出版社良好的关系，发动多家出版社为几百家基层图书馆绘本馆赠送出60多万册的图书，不仅在第二书房推广阅读，还辐射

全国各地的绘本馆，提供给同行业优质资源，建设良好的生态系统，来共同推进全民阅读。

七、义工之美： 美好的事就会吸引众多好心人的支持。第二书房的事业吸引了很多志愿者参与，其中最著名就是金中都馆的首席志愿者方胜利老师。书房在筹备期间刚刚退休的街道干部方胜利就成为这里的志愿者，他几乎每天都在第二书房为读者们服务，还自己动手研发出了很多绘本道具为孩子们演出，还到周边的幼儿园小学给孩子们表演。他的事迹引起了媒体的积极关注，还被中央电视台《真诚沟通》公益广告排成宣传片广泛宣传，成为志愿者领域的一个标志性人物。同时在百城千群万里书香活动中，发布在各群的志愿者团队超过1000人，义工管理着庞大的父母学堂社群，第二书房充分发动社会力量积极参与到全民阅读活动中来，全民阅读全民动员。

首席志愿者方胜利

第二书房的实践与行动获得了社会很大的肯定，包括中央电视台新闻联播、《人民日报》、《光明日报》、北京电视台、《北京日报》、《中国文化报》等几十家媒体的报道，在国内阅读界知名度非常高，赢得了越来越的社会认可，可谓人气之美。

面子美里子美，看得见用得着，不愧是首都最美家庭创办的最美阅读空间！

第二书房获得的部分荣誉：
2013年北京阅读季"北京十大阅读示范区"第一名
2014年第24届全国图书交易博览会授予李岩老师全国"十大读书人物"荣誉称号
2014年创始人李岩被评为"海淀区金牌阅读推广人"
2014年国家广电总局评李岩家庭为"中国首届书香之家"
2014年北京市委宣传部北京妇联评李岩家庭为"首都最美家庭"
2015年第五届书香中国·北京阅读季"北京十大阅读示范区"
2015年全国妇联评李岩家庭为"全国最美家庭"
2016年李岩被"第六届书香中国·北京阅读季"评为金牌阅读推广人
2016年第二书房"百城千群万里书香"大型公益阅读活动获得"华文领读者·阅读项目奖"
2016年李岩被《创办人》杂志评为年度阅读推广人

第二书房

北京第二书房橡树湾馆
地址：北京海淀区清河学府树中街橡树湾会所一层
电话：010-60603262

北京第二书房金中都馆
地址：北京西城区白纸坊桥南金中都公园宣阳驿站一层
电话：010-83204610

甲骨文·悦读空间书店
——全新的社区阅读品牌

甲骨文·悦读空间是书店,也是图书馆。

2016年2月24日,响应国家推广全面阅读,构建书香社会的积极倡导,依托广安门内公共图书馆,西城区超爱阅读文化传播中心,打造出全新的社区阅读品牌——甲骨文·悦读空间。甲骨文·悦读空间以推广社区阅读,服务社区居民,文化惠民,解决"阅读最后一公里"为目标,对传统公共图书馆的运营进行模式创新和服务提升,提高街道社区的文化阅读服务水平,为书香北京做贡献。

甲骨文·悦读空间坐落于西城区下斜街一号院东二楼,藏书3万多册,内设公共借阅区、图书阅览区、儿童阅览区、试听空间、咖啡空间,提供图书借阅、会员服务等综合阅读服务。

在640平方米的悦读空间里,绿植、鲜花、文创产品、各种装饰完美

地结合在一起,把节能环保的理念、文化创意的巧思结合成了读者口中的"北京最美社区书店"。甲骨文·悦读空间的运营时间为上午10:00至晚间21:00,除法定节假日外全年无休。这样的阅读时间为社区居民提供了极大的便利。

甲骨文·悦读空间身处社区,周边交通便利,停车方便,距离宣武门地铁站、长椿街地铁站都很近。书店内70平方米的儿童阅读空间,用来给孩子们讲故事、阅读分享;成人阅读区达到200平方米,复古风格的摆设、特色的文创产品,营造出温馨的阅读环境。

每周8至10场社区阅读活动,满足了社区居民的各类阅读需求,目前已经形成了以"社区"为核心品牌的社区观影会、社区读书会、社区诵读会、社区生活会、社区故事会五大系列活动品牌。这其中有北大数学系毕业的冀老先生作为志愿者给社区的孩子们进行数学辅导,有中国社会科学出版社的资深老编辑书法家鹿耀世开展的书法培训,有电影导演连野带来手机摄影课,有私家甜品制作机构芸熙坊带来的甜品工课,还有志愿者张超、海燕妈妈、贺超叔叔等带来的亲子故事会，以及书法课、数学课、机器人课、彩泥课、急救课，魔术大师秦鸣晓的社区魔术课，北师大儿童阅读专家陈晖教授的社区阅读

项目等，成为社区阅读的有益帮助。

　　和其他阅读空间不同的是，甲骨文·悦读空间的活动开展充满社区特点，一句话就是以人为本，以社区为根。140多场活动，针对社区居民的特点和需求开展，居民喜欢的，吻合图书馆气质的正能量活动，被大量策划研发出来，形成了独特的社区阅读氛围。

　　打造社区文化地标，构建社区生活的"精神空间"是甲骨文·悦读空间的发展目标。甲骨文·悦读空间已经成为一个社会资源和社区文化资源交互的平台。自2016年2月24日开放以来，吸引了大量社会资源服务社区文化建设，著名学者阎崇年、于丹等，著名作家虹影、周国平，最强大脑水哥、崔岱远等，表演艺术家朱琳、石维坚，著名主持人陈捷、弥亚牛等文化名流因此走进社区，推广阅读，分享阅读；北京市红十字会将甲骨文·悦读空间作为社区服务基站，更多社会公益资源被导流进街道社区。

甲骨文·悦读空间

地址：西城区下斜街一号院东二楼
电话：010-83156131
营业时间：周一至周日　　10:00—21:00

北京布娃娃书店
——专业服务于儿童教育

北京布娃娃教育科技有限公司是一家民营书店，成立于2006年3月，属于京师乐育教育集团子公司。

主要经营学前幼儿、幼儿教师、亲子家庭所需图书、参考书以及学生玩具、教具配备等。其图书类型涵盖0～6岁各个年龄段，包括幼儿数学思维开发、语言阅读、艺术启蒙、科学探索、健康养育、亲子家庭等类别图书、系列操作材料以及多媒体动漫、音像产品（包括互动游戏、多媒体课件、音像光盘）。

由于租赁到期，房租上涨，布娃娃书店不得已从海淀区的门面房搬到如今石景山区西鑫大厦六层（洽谈已有进展：有望将西鑫大厦首层承租下来，以进一步将书店升级改造）。

目前，书店在北京独家代理由北京市教委主持编写、北京师范大学出版社出版的《幼儿园快乐与发展课程》系列教材以及北京师范大学、华东师范大学出版社有限公司的系列幼儿教材及教师理论丛书。

书店中的图书编著者均来自国内外著名的幼儿教育专家。书店中的图书、产品都有推荐说明，这些推荐说明均由幼儿教育专家、资深一线教师编写，实用方便。

书店店员大多数毕业于师范、学前教育专业，或有着幼儿园教学经验，可为顾客推荐购买幼儿和家长适合的图书、产品以及为顾客提供较为专业的选书、问题答疑服务。

书店设置试听、试玩、亲子阅读区域，读者可在此听音乐、玩游戏，这些服务不限时，均免费。

书店已与北京师范大学、中央音乐学院、中国儿童音乐学会、首都师范大学、中国学前教育研究会、奥地利奥尔夫学院等众多国内外权威机构建立合作关系，与各大出版社有长期合作，不定期聘请国内外学前教育专家、一线优秀教师、优秀编著者到书店进行读者见面会、读书会、早期阅读讲座以及文化沙龙活动，还会举办节庆日、主题阅读等亲子活动。也会不定期地免费赠送亲子电影票、演出票，用这些方法扩大书店的知名度，增加书店的图书销售收入。

书店升级改造后，将引进一批触摸电子设备、视听设备和游戏设施，用于书店的特色服务。加强数字化管理系统，如图书自查搜索系统、图书借阅系统、会员管理系统、在线售书系统等等。打造具有鲜明特色的书店环境，扩大店面，分别建立图书阅读区、影音服务区、电脑动漫服务区、亲子玩具服务区域和亲子阅读区域，

让书店各个区域更加宽敞舒适、功能划分更加明确。

　　书店将积极传播社会主义核心价值观和优秀文化，在汉语言启蒙、中国传统文化传承类图书、产品上投入资金，开辟中国汉语言、中国传统文化专柜，为读者提供与文化有关的综合性服务，形成一个以书为主题的互动空间。

　　书店将启动"文化公益从身边做起"活动，与农村郊区图书馆建立联系，组织大小读者进行图书捐赠活动。定期捐赠好书新书，以丰富边远地区的图书馆藏书量。

　　祖国的未来在于儿童、儿童的未来在于教育。布娃娃书店愿与大家共同肩负起中国儿童教育的神圣使命。

北京布娃娃书店

地址：石景山区鲁谷南路26号西鑫大厦六层605

电话：010-68867900

公交：搭乘385路、327路、965路至"衙门口西"站

北京游达书店
——提供动漫爱好者所需的书籍

2006年，北京二服务局所属国营饭店的一名老共产党员和妻子张惠蓉一同下岗了。为响应国家的号召，他们遵纪守法，自强不息，将全部的积蓄拿出来办理了工商营业执照，开办了这家书店。

十年来，书店一直秉承"信誉第一，顾客至上"的原则，把顾客的需求作为书店工作的追求，但面对实体书店的窘境和承担每月昂贵的房租，有时预测失误买进来的小说和期刊不畅销，马上就变废纸，只能赔本赚吆喝。在遭遇了太多的挫折之后，书店没有关门，而是积极想办法，谋生路，乐观面对现实。

书店首先分析了店铺所处的环境是学生多、白领多，这些人群中往往有很多万智牌、战锤的高手。但是，他们苦于可买这些书籍的地方太少。针对这个特点，店主决定支持年轻的国漫作者的作品，首先采购国内漫画《斗罗大陆》《斗罗大陆Ⅱ绝世唐门》《斗罗大陆外传——神界传说》

《龙族》《哑舍》，还有小说以及天闻角川的画集、小说。并为这些品牌作品设立独立货架，成立了专柜，专卖这些书籍、期刊，并开展订购，方便顾客寻找和购买。

书店还充分发挥网络优势，建立了QQ群、微信群。群里定期发布最新月刊《桌游志》《游戏机实用技术》，战锤月刊《WARHAMMER VISIONS》，和一些相关的书籍。比如《如何涂装CITADEL微缩模型》《WARHAMMER AGE OF SIGMAR》以及最新的行业动态。店主朋友圈中的顾客们可以实时收到本店最新的产品信息，并提出需求和建议。书店会及时反馈，顾客需要的商品可以向书店订购，然后书店发快递给顾客，这样就形成一个良性互动。时间久了，书店和顾客成了很好的朋友，随着时间的积累，发掘、总结更多更好的经营特色来满足顾客需求。

利用支付宝、微信，分别建立顾客群，有新书、新期刊及时发布信息，做到新书预告—货到发售—跟踪反馈—给予回复—上新产品。

例如：从2010游卡桌游公司（三国杀）在市场上火爆销售的时候，游达书店就和期刊《桌游志》签约，确定了游达书店定点销售商的地位。所需的顾客只要上游卡桌游的官网查询实体定点店的地址，很容易找到游达书店。所以那一时期《桌游志》一箱50本，每本15元，游达书店每个月至少卖一箱，最好时卖两箱。

《桌游志》里的内容大部分是三国杀的，还每月赠送SP卡，只有买书才能得到它。这本期刊第一期零售价只有9元，但是里面的SP卡"杨修"，尽管至今价值不菲，仍然无处可寻！

2012年书店陆续上了万智牌、战锤系列期刊和配套产品。这些产品最大好处就是连续性强，要想了解它们，就要看书：《万智牌宝典》上下、

《万智牌入门》《战锤涂装入门》等等。而且，大约三个月就出新系列，还要比赛，还可以晋级到国际上比赛。游达书店就是有授权书的比赛店铺。

那些有需求的顾客可以根据官网的消息到游达书店里购买图书、卡牌、模型，还可以参加比赛。游达书店还参加了全国战锤机动战士高达30周年纪念赛。

由一本期刊、一本图书展开的产品链就这样形成了。

很早时期，国产漫画是五六十年代出生的人的最爱，例如《渔童》《孙悟空大闹天宫》《小蝌蚪找妈妈》，还有《小螺号》，改编动画里的插曲《小螺号》至今许多老人都会唱。

有这样一种情结，对国漫自然由衷地饱含感情。

近年来，《斗罗大陆》《龙族》《长歌行》系列漫画正在逐渐成为漫画市场的主流。书店抓住这个趋势，积极备货，上架陈列，既可以卖单本，也可以8折优惠卖整套。做到不缺货、不跑号。

书店这样做就是拉住喜欢漫画的小读者，培养我们中华民族的审美观，从小做爱民族、爱国家的人。当然，我国是一个改革开放的国家，国际上优秀的文艺作品是全人类共同的财富。例如美漫作品《超人》《蝙蝠侠》《蜘蛛侠》《钢铁侠》《绿灯侠》《终极X战警》《美国队长》《变形金刚》等，店里也经营形成了特色。

女老板张惠蓉在QQ群、微信群里的昵称是"阿姨"，她曾经在群里感慨地说："原来开这个书店是基于生活所迫，但通过十年的积累，渐渐地喜欢上这

个工作,现在由被动变主动。自己在这个行业工作了十年,既为顾客服务,又为自己开拓了事业,增长了知识,丰富了生活。"

为什么有的孩子喜欢国漫?有的孩子喜欢美漫?

张老板通过请教常常光顾本店的漫画家才知道:国漫是基于我国民俗民间美术作品,画风明快鲜艳;美漫迥然不同,黑白分明,更像鲁迅倡导的木刻版画,有棱角,画风硬朗。

有了这些知识,与顾客们沟通就方便了,大家也就更认可游达书店,为未来的工作开展奠定了基础。

十年来,书店有了一些回头客,其中不乏是出版社的负责人、作者、漫画家等。其中有一个年轻人让"阿姨"不能忘怀,就是《玄皓战记》的作者。这套漫画是国内一个才出校门的青年画的,"阿姨"忘不了当他发现书店书架上整齐地摆放着他全套的《玄皓战记》时他那惊喜的脸庞——那么稚气地放着光彩!他说:"阿姨,这是我画的!""阿姨"说:"好,我会一直放在这里给你卖的。"

但是,前些天,批发商叫游达书店退回包括《玄皓战记》这套书在内的一批书,告诉游达书店这些书由于他们与出版商达不成一致,就不再供货了。"阿姨"脑子里立刻浮现出那张年轻的脸庞,该是多么沮丧!

这只是被打击的国漫作者其中的一个!

最近店长联系到一个叫侯百川的人,是小说、漫画《河门》的作者:他的作品在布卡漫画网等网络上,以及图书大厦都有。还有一个是专门画日漫画的作者,热卖的漫画《机动战士高达》1、2就是他们团队画的。

店长感到中国不乏人才,只是缺少发挥才能的平台。为此书店决定担当起这一使命,为作者和读者之间打开一条通道,让他们见面、沟通、交流!书店利用周末和寒暑假,举办作者和读者见面会,充分利用微信朋友圈的优势,开启"发布消息—见面—采集信息—回馈结果"的模式。把书店逐步办成一个有图书交流、图书内容、周边销售和卡牌比赛这样一个全方位的地方。通过网络、媒体进行广泛宣传,让更多的国漫作者走进来,直接和读者见面,书店充当媒介,向上反映市场状况,对顾客传播正能量。

为了开阔眼界,书店老板特地凑钱派女儿到美国波士顿漫画店考察,观摩国际书店,学习别人先进经营理念。其中一个先进经验就是要吸收有志于国产漫画、小说发展的人员为店员,改变"光头大叔""阿姨"老面孔,让青春洋溢的面孔、朝气勃勃的年轻人进来,全部规范上岗,制定完整的企业服务规章制度,改变店面形象。

其次,书店要保留发展前景好的货品,并发扬光大。比如现有的国漫产品,一定要全,不漏下一本书;要开拓新市场,利用书店人才优势,开发更有发展前景的新货源。对万智牌和战锤,出版的期刊不漏订,对周末赛、现开赛、欢乐日赛认真做好事先发布消息、赛中认真填成绩报告单、及时上传美国总部,做好赛事风采宣传发布;对战锤爱好者所需的书籍认真寻找并负责到底。保持书店所经营的内容坚持下去。例如签售会、漫画技能技法小课堂(本店备有桌椅和开水)、游戏互动、卡牌比赛等多种形式,有小奖品鼓励。

"阿姨"闻知北京市政府自2016年对实体书店有资金扶持政策很感激,说"一定继续好好经营书店,回报政府的好政策"。

北京游达书店

地址:东城区崇外大街40号(6F-036、037)
电话:010-51671346
邮编:100060

北京无限时光书店
——店铺销售与送货上门相结合

　　北京市无限时光图书有限公司简称北京无限时光书店，主要经营零售、邮购公开发行的国内办图书、期刊报纸等。成立于1995年，是由当时昌平区第一家学术书店"昌平三味书屋"发展而来。书店成立至今，发生了许多的故事。

　　故事一："因书结缘"。1995年的"六一"儿童节，一个全国小朋友欢庆的时刻。有两个怀揣着梦想的年轻人——乔石和王娟，有着共同的爱好——读书。当时收入与购书支出悬殊，于是相继辞掉原有报社的工作，在中国政法大学昌平校区外租到了每月600元租金的简易房，只有10平方米，开始了"三味书屋"梦一般的追逐。

　　故事二："终生书缘"。1996年11月，一年多的艰辛事业，让两个坚信有梦就有远方的年轻人,决定抱团取暖——结婚。梦想很远大,现实超残酷。在生活与梦想的博弈中,生活中的琐碎被踩在脚下,依然靠梦想托起希望,于是书店坚定地扩大经营——承租150平方米昌平图书馆一层西厅,开始了学术图书和法律图书的定位。

故事三:"连锁经营"。1997至1999年,开启五家连锁店。北京大学昌平校区为第一家;收购兼并两家小书店;河北张家口北方商厦分店;昌平阳光商厦450平方米的综合书店。这一路经历着,成长着。

故事四:"书店升级"。1999年,因发展需要,昌平三味书屋升级为"无限时光"图书有限公司。这要感恩中国政法大学和中国石油大学的师生,是他们承担着买方市场的需求,当然还有此时的学生工,以及老师们的喜爱和支持。真正的品味——累并快乐着!

故事五:"贵人相助"。天时地利人和,相信因缘聚合。书店的成长得到了许多贵人相助。2002年拥有了自己4000平方米产权的精神家园。这期间,书店为昌平区文化生活,推广全民阅读做了大量公益活动,成为昌

平家喻户晓的文化品牌。

故事六:"坚持坚守"。有了坚定的信念,就有了坚持的力量,自然而然拥有了坚守在勇气。十几年如一日,他们为梦想奔跑着。随着互联网的发展,阅读人群的减少,书店依仗着不用交房租的优势生存着。然而,各种费用的攀高,资金成本的加大,书店不得不以出租部分房屋的收入来养书店。这样持续几年,书店已不是梦中纯粹的精神家园。经过几年的煎熬和内心的博弈,店主决定放弃产权,平衡多年积累的债务。

故事七:"休息是为了远行"。无债一身轻的日子好惬意,仿佛终于可以挺胸抬头的呼吸。对于有梦想的人来讲,低头是为了高贵地抬起,休息是为了远行。

故事八:"不忘初心,方得始终"。经历了近20个年头的风雨历程,尤其是休息过后,了解自己想要什么的理性思考过后,还是不忘初心——继续行走在书店经营的路上。书店迁址到沙河镇,依据前面经验教训,购置1000平方米的产权房屋,一半用于出租,收益可以支撑另一半。有了可以为信念而生存,为阅读而存在的书店啦!书店为读者提供优雅的阅读环境,人文的读书交流,思考创作的氛围。社会公益活动必不可少,提供免费讲座,涉及教育、健康、科技等多个领域。引领阅读做一只小小萤火虫,照亮身边的每一位有缘人。传统国学经典阅读,《弟子规》讲解正在进行时。

无限时光书店紧密结合昌平区未来发展方向,本着繁荣文化市场,普及传播文化大众为宗旨的公益定位,曾为30余个村子捐赠"精神家园图书室"在业务定位做到"专"(专业、专心)、"精"(精辟、精神)、"入"(投入、深入)。

京城特色书店
民营书店篇

　　由于城市建设的飞速发展,昌平县提升为昌平区,网络、电商、城市拆迁,一度使得这个书店面临倒闭。搬迁到今天这个新的地址仍然面临很

大的困难，首先是没有一层宽大的图书销售的门面房，图书销售的营业面积只能在二层和三层想办法。为了便于顾客及时地看见图书，"闻"到书香，书店从一楼一进门的楼梯侧墙面上就放置了图书，以供顾客挑选。

无限时光书店的服务口号是：顾客有百分之一的需求，我们将做百分之百的努力。

服务方式是：店铺销售与送货上门相结合。以送书上门为主，顾客来店消费为辅。顾客上门选书，书店热情服务，供应免费开水和免费茶水，并提供低价的咖啡、冷饮、热饮以及简餐。

书店利用互联网进行网上销售取得了一定的经济收益。目前图书的销售业务已经广泛覆盖全国部分高校和昌平的一些机关、企业、学校、社区和乡村。同时，书店经营品种多样化，包括音响、文化用品、计算机及外围设备、电脑耗材等。用多种经营获得的经济利润来补贴销售图书的亏损。

书店利用多年销售图书的人脉关系组织读书会，促进作者与读者交流互动，以讲座及沙龙的形式，扩大了书店的知名度。

书店在服务大众方面也是积极想办法，例如参与昌平区科学技术协会的送文化下乡活动，仅2015年至今就参加了20次，并配合昌平区沙河镇各居委会推进全民阅读等多种形式的活动，依据村民的所需所想提供健康讲座及科学普及知识。同时销售养生、健身方面的图书。

无限时光书店在经营图书、报刊、音像销售的同时还充分利用上游出版社资源，协助昌平区学校及老师出书著传，也取得了很好的效果。

随着新农村城市化发展进程，书店在积极地为丰富昌平区沙河镇老百姓的文化精神生活想办法。进军高端文化领域和打造具有文化、科技、教育为一体的文化聚集区。对于文化市场的经营概念全方位展开，在五年内打造成为在国内具有一定知名度的具备核心竞争力的文化企业。

北京无限时光书店

地址：昌平区沙河镇延秋园四区3号楼
电话：010-69728128

陶然亭书店
——首批正版销售单位

　　陶然亭书店即北京大欣杰利图书有限责任公司，前身是知音书屋，创建于1989年，在幸福大街1号，经营社会科学类图书等。1993年更名为北京杰利书店。1997年搬到陶然亭公园北门西侧，更名为北京大欣杰利图书有限责任公司。主要经营中小学生教辅，以综合类图书为辅，同时也经营部分文化体育用品等。经理是优秀女党员屈淑瑞，是1969年北京下乡的知青（黑龙江生产建设兵团一师二团战士）。

　　20余年来，陶然亭书店在屈经理的领导下，一直按照国家的法律法规经营，严格把握产品质量关，选择图书适应本地区，从仅有40平方米的店铺，发展成500余平方米的书店，员工从4人发展到20余人，销售额上升10倍以上。

　　陶然亭书店的新员工上岗前都要进行上岗培训及素质教育，并要求大家热

左起：屈淑瑞、李士杰

爱本职工作,树立职业信念,每天都要以崭新的面貌迎接每位顾客。由于服务主动热情,时刻以顾客至上为原则,多为顾客着想,书店赢得了不少回头客。

有时为一本书员工们主动为顾客查找,在开学两季购书人挤得水泄不通,员工们加班加点,不厌其烦地帮助每一位学生和家长,为此书店得到不少读者的好评:"诚信、书全、服务态度好"。在同行业中陶然亭书店有着很好的名声,在出版社领域里,也有着很好的信誉。

陶然亭书店因把握市场比较好,紧跟一些新品种,经济效益逐年递增,社会效益也有很大提升。书店涌现出不少优秀员工,先后发展5名新党员,连续几年是优秀党支部。在党员们的带领下,员工们都很努力,争创好员工。

屈淑瑞经理告诉我们,书店人互相关心、互相帮助,共同维护公司的利益,很有团队精神。在2004年被北京市版权局评为二十家"首批正版销售单位"之一。2008年被评为"北京市三八红旗集体"。几年来多次被评为"区文明单位"及"区巾帼先进集体"。

我们祝贺陶然亭书店在屈淑瑞经理领导下取得的优异成绩,祝愿他们身体健康,生意兴隆!

陶然亭书店

地址:西城区太平街19号(陶然亭公园北门西50米路南)
电话:010-63531673
地铁:4号线"陶然亭"站C出口,向东500米
公交:搭乘40路、59路、专13路至"陶然亭公园北门"站

北京思远优觅影院书吧
——影院里的书店

　　北京思远影业有限公司简称思远书吧和 UME 影城（双井店）书吧，于 2008 年 7 月 26 日设立。经营出版物，销售食品，电影放映，餐饮服务等。

　　由香港著名导演吴思远先生创建的 UME 影院管理集团是全国连锁品牌企业，自全国首家五星级 UME 华星国际影城在 2002 年 6 月 12 日开业以来，相继在北京、上海、重庆、成都、杭州、广州、南京等地投资建设 UME 品牌影城，至今 UME 集团已在全国成功建设了三十二座五星级影院。其中一个最大的特点就是每个影院都附带一个书店。

　　UME 国际影城（双井店）位于东三环中路双井桥富力广场 5～6 层，已是国际化标准五星级影院，自 2008 年 7 月 26 日开业，在专业化的管理团队领导下业绩直线上升，仅2012年全年人次就达到110余万人，全年票房高达6300万，在全国2000多家影院中排行第6名。UME双井店最大的特点是拥有中国放映最新科技成果的中国巨幕影厅，此厅可容纳观影人数达300多人，在北京也是唯一的全景声巨幕厅，有如此强大及具有特色的硬件设备做后盾，从基层员工到高管干部都为能在这样的公司工作倍感荣幸及骄傲！

UME国际影城（双井店）的工作环境不光是紧张的，还有"娱乐"氛围：自2008年开业至今在双井店举行的首映礼、演员见面及影片新闻发布会有一百多场，所到的国内外众多明星不胜枚举，这意味着在工作的时候也可以见到自己喜欢的明星风采。在平日忙碌而紧张的工作之余，公司更注重对员工业务知识及文化素养的培养，注重人员的储备，公司有良好的晋升制度。2012年7月，UME迎来十周年生日，在"辉煌十年"庆典上UME集团吴董事长表示"UME管理集团注重员工的福祉"，这一句话得到了全体员工的欢呼。呼声不仅在此一句话，而是UME集团真正地做到了为员工谋福祉。仅2012年，公司组织员工带薪学习十余次，其中出国学习有三次，国内学习机会有八次，这一举动更激发了公司员工的工作积极性和主动性。

UME国际影城秉承"因为专业，所以领先"的经营理念，力求打造全国影院行业的高端品牌形象，随着中国电影行业的快速发展，UME集团规模不断地扩大。

思远优觅影院书吧经过多年的建设经营在周边已经小有名气。书吧的总面积100平方米，设有书库1个。书吧有靠墙书架13格，摊头1个，期刊架1个。图书分类哲学类、文化类、经管类、心理学类、生活健康类、儿童读物及女性读物。

书吧开业以来先后与中国电影家协会、当代电影杂志社、中国传媒大学出版社、北京出版社、时尚杂志社等一些图书、期刊发行单位合作，严守进货途径正规。

中国传媒大学出版社的前身是北京广播学院出版社，成立于1985年，是改革开放后最早成立的大学出版社之一。现有新闻传播、语言艺术、影

视文化、媒体管理、播音主持等五个编辑部，以及市场中心、出版部、总编室、储运部、财务部、读者服务部等部门。

书吧共有中国传媒大学出版社的现货图书1313种，例如《当代广播电视概论（第2版）》《市场营销概论》《大学生心理健康教育》《中国微电影》《视听语言教程：影视·元素·艺术感》《国际新闻编译》《中国广播收听年鉴：2016》《电影中的身体语言》《媒介批评》《音乐产业运营与管理》《中国传统音乐结构的奥秘：浙江民间器乐曲音乐形态研究》等。

图书是书吧工作的物质基础，为文化产业服务是书吧的根本宗旨。根据影城书吧的性质与任务，结合影院实际需要，书吧跟出版社合作，购进与传媒和影视有关的图书，做到影院的书吧突出电影院的特色。

书吧工作人员的职业道德准则是：读者是上帝。书吧认为必须把书吧的书和工作中的人的关系处理好。应该是为了读者，尽量调动图书，而不应该为了图书尽量限制读者。

书吧在工作人员当中加强职业道德教育和思想教育，认识到书吧工作是一项学术性、奉献性的服务工作，使工作人员树立"服务至上"的思想，应以服务为天职，因奉献而乐，从普通的"为人找书"上升到"为书找人"

的服务模式,开展为客户预约订购图书项目。

借助影城的独特优势,书吧还积极承办了各类大型活动的接待工作,为各界嘉宾提供了一个优雅、文明的休息、洽谈环境。

思远影业书吧(双井店)经历了多次的调整、装修,读者的购买、休息环境得以逐步提高。其中在2014年对书吧书架、书柜、地面等进行了大规模的重新装修,更换了全部的座椅,增加了电脑上网、候场区。

随着网络时代的发展,传统的读书方式发生了翻天覆地的变化,图书市场同样受到了极大的冲击,丰富的网络信息本已对图书出版构成了威胁,而盗版电子书籍泛滥,更使行业危机加重。不过,随着国家与行业对盗版的严厉打击,消费者维权意识增强,图书出版工艺提高,未来图书出版市场仍有较大的发展空间。

拥抱互联网成为传统图书出版企业转变观念,增加营收增长点的好方向。随着互联网发展,信息量大的电子书成了潮流。而智能手机与平板等虽然也能看电子书,这也是一种全新的阅读方式。

与传统出版相比,近年来,互联网和智能终端的快速发展,传统图书出版业受到了前所未有的挑战,电子书凭借着自身的优势不断蚕食传统出版业的市场,未来传统印刷市场的缩水之势不可避免。但传统的印刷方式并不会消失，传统图书与电子图书并融之势将成为未来图书市场发展主色调。

这种情况与其说是挑战，不如说是机遇。各种新兴媒体的出现，扩大了图书产品的宣传范围，使得图书信息无处不在。网络多媒体出版，目前更是一种全新营销。而对于纸书来说，只有巧妙地利用媒体宣传，适时地推出产品才是利用好了网络多媒体营销。

为了维护广大读者的读书习惯，影城书吧坚持服务读者的一贯原则，为推动和落实国家鼓励全民读书活动，促进影城书吧健康发展，打造图书文化宣传阵地，提升观众阅读活动，书吧将努力迈上一个新台阶。

北京思远影业书吧（双井店）

地址：东三环中路65号富力广场五层
电话：010—59037171 59037373
邮编：100022

北京阳曦书店
——360度全功能书店

北京阳曦书店成立于1999年2月4日，临街正对广渠门外大街有个两本书造型雕塑。是北京市双井地区地标书店。

由于网上书店的"兴旺发达"，实体书店本身很难留住读者，被沦为网上书店的"体验店"已经是不争的事实。面对激烈的市场竞争，阳曦书店经过详细的调研，认为实体书店如不转变传统经营模式，提升服务质量，生存都很困难，更不要谈发展。为此阳曦书店学习借鉴中国台湾诚品以及欧美国家一些优秀实体书店的做法，在商业模式、经营方式上积极创新，找准市场需求和自身定位，通过完善图书品种、改善卖场环境、增强读者购物"体验"、优化支付手段等，化被动为主动，实现服务升级。

阳曦书店周围一公里以内有多所学校，其中小学三所，中学两所。针对学生读者，书店积极准备各种学生课外辅导教材、优质的课外读物，书店与老师家长形成互动。他们还针对附近居民的需要，组织了大量优质的生活方面书籍，以优惠的价格销售。在图书销售为主的基础上，逐渐形成以图书为主，学生用品、计算机为辅的多元经营模式，实现了图书与周边产业的融合发展。

　　书店在探索转型的过程中，逐步认识到书店不仅仅是售书场所，同时还承担着文化传播的重任，这个功能是网上书店所不能比拟的。所以阳曦书店积极创新经营理念，扩大文化内涵，将图书销售与其相关文化服务相结合，将图书销售与阅读推广、读书品书相结合，将图书产品与创意产品相结合等，开展多元业态经营，吸引读者走进书店，实现社会效益和经济效益双丰收。

　　随着智能手机的普及以及微信等社交媒体平台的繁荣，书店同步打造线上销售、推广、交流与宣传平台，在多年前就注册了阳曦书店的汉语简拼 yxsd.com 与 yxsd.net 国际域名，利用微博、微信平台与读者和顾客建立良好的"亲戚"关系。

　　书店拥有自己的多媒体会议场所，每年多次举办"阳曦读书会"和"图书座谈会"等读书交流活动以及有奖读书活动，形成了适合社区服务的项目特色，对附近社区居民的文化生活形成有力的支持与补充。书店以诚信

服务，专业品质十七年屹立不倒，被群众赞誉为"360度全功能书店"，受到广大居民、学生的好评，在双井地区有着广泛的知名度和美誉度。

阳曦书店的老板赵德隆是位有"故事"的人。他曾经是北内集团的一名职工，1998年下岗后创办了北京阳曦书店。他告诉我，他对"下岗"至今记忆犹新。他记得那天正在上班，书记把他叫到办公室，语重心长地对他说："你们年轻人还可以到外面闯闯，其他人年纪大了，到社会上远远没有你们有竞争力，离开北内吧，相信你会有一定作为的！我们也会尽我们的努力帮助你的，到社会上闯一闯吧！"

赵德隆能说什么呢？下岗以后，看报纸找工作是他每天必做的事情，他每天从不放过每一条招聘广告。当时他自己根本就没有想到过创业这个问题，直到今天自己仍然觉得创业是一门非常复杂的技术，而且是操作性、实践性非常强的技术，很难直接通过老师或书本学到手。实践经验非常重要，因此当年自己刚接触创业的时候举步维艰。

虽然说万丈高楼平地起，但怎么个起法是大难题。现实地来讲困难主要是融资方面，当然，除此之外要面对的困难还很多，所以说对赵德隆这些想白手起家的人来讲，想创业真比登天还难。

而赵德隆之所以能获得今天的成功，他说首先应该归功于北京市劳动和社会保障局主办的中小型企业创办者培训班。因为那时候赵德隆最充裕的就是时间，所以他认真地听了每一堂课，做好笔记，在课堂上学到了创业前、创业中应该知道的知识。但是赵德隆成功创业的关键，在于这个培训计划的组织和实施，创业前辅导，创业中扶持，创业后指导，很全面、很负责、尽心尽力地帮助学员完成创业过程。因此在以后的创业过程中，只要遇到困难，他首先想到的就是去找培训班的老师。

赵德隆说，当年没有去创业课程的学习，就无法面对，也无法解决创业中遇到的各种困难，也就没有今天的阳曦书店了。

刚开始选择开书店，是因为赵德隆觉得这个门槛比较低，开一家书店有几万元投资足够了，等开起来以后才"惊觉"到这个产业之复杂是自己始料未及的。而且这个行业的门槛并不低，当初开一家书店只要很小投资的表面现象把他给迷惑了，等书店开起来才明白，新华书店长期垄断图书市场的局面虽然已经打破，但留给其他书店尤其是小型书店的仅仅是很小的一块市场空间。

新华书店这个"力量"仍然十分强大，甚至有教材的专有经销权，有丰富的经验和规模庞大的销售网，门店建在各地最好的地段，还有不计成本的物业等优势，在没有雄厚的资金投入的情况下怎么和新华书店进行竞争呢？

创业过程中，赵德隆多次向老师请教这个问题，老师们多次到书店进行考察、分析、研究，再根据北京图书业现状，和赵德隆一起制定了全新的社区图书业发展战略，创立了以图书、电子出版物为主，兼营办公用品、计算机销售与维修、照相、彩扩、印打字、技术培训等一系列便民服务。

书店根据发展远景规划要求，定位为"生活、学习书店"，并积极、细心地构建书店的人文氛围与环境。阳曦书店的这种经营模式，取得了一定效果，完全符合北京市社区图书零售业的发展趋势，对北京社区小型图书业的发展具有一定意义。书店构成的小区文化多种经营的商业模式，在北京内图书业中独树一帜。阳曦社区文化综合服务类型的书店在北京市小区日益增多的情况下，拥有绝对的发展空间与客户，前景是乐观的。

现在,阳曦书店的员工基本以赵德隆同学、同事为主,赵德隆和他们一起参加的计算机知识与维修课程的学习,现在他们是书店销售与计算机修理、网络工程方面的多面手。当年他们一起在北内上班,一起下岗后,大家都曾经失落过,不知道未来该怎么办,但现在他们仍然在一起学习,一起开书店,做"文化人"。命运再次向人们展示了它的无所不能。

我们相信赵德隆和他的老伙伴们一定可以把阳曦书店发展得更大、更好!

北京阳曦书店

地　址:北京市朝阳区广渠门外大街28号楼东1号
　　　　(广渠门外大街与垂杨柳中街路口西南角)
电　话:010-67786334
邮　编:100022
地　铁:10号线"双井"站
公　交:搭乘23路、57路、637路至"垂杨柳"站
　　　　(电子地图搜索"阳曦书店")
营业时间:周一至周日 9:00—19:00

单向空间·大悦城书店
——听觉、视觉、触觉、味觉全方位阅读

北京单向街文化有限公司简称单向空间书店,成立于2006年1月。来源于几个年轻人在圆明园的一座院落里筹资创办的"单向街图书馆",名字取自德国思想家本雅明的同名著作《单向街》。

自书店成立以来,累计举办文化沙龙2000余场,接纳读者超过百万。邀请全国乃至世界范围有影响力作家、艺术家、学者、教授等数千人,间接影响读者群过千万。线上自媒体平台:单读APP,为线上读者群提供优质的阅读内容,用户下载量超过百万。

坐落在朝阳区大悦城商城六层的单向空间书店,不仅是一家书店,更是一座咖啡馆,一所出版机构,一个文化沙龙主办方。通过书籍、谈话、影像、思想,构建起一个小小的公共空间,给读者,尤其是年轻人提供一个相互探讨问题的平台。

书店为读者精选的图书以人文、社科为主。文化创意产品从研发、设计、生产、销售一条龙服务,丰富广大读者购物需求。实现了听觉、视觉、触觉、味觉,全方位阅读。这个提供智力、思想和文化生活的公共空间,由实体书店(图书)、单读(出版物、APP、音频)、单厨(咖啡)、单谈(文化沙龙活动)、OWSPACE产品(智性生活文创品)组成。

实体书店,

秉承精选图书为原则，主要经营类别包含文学、社会科学（历史、政治、法律、社会、宗教）、哲学、艺术（电影、音乐、绘画、设计、建筑）、商业经管、生活文化（美食、旅行、心灵修养）等。精心挑选出每一类里最具代表性、最优质的图书，为读者提供高品质深度阅读。

单读，它是一个丰富的出版集合体，涵盖杂志《单读》和纸质出版《佩拉宫的午夜》、线上 APP 等。单读的所有内容，是以智力、文字对时代困境做出的有力回应。

单厨，咖啡、甜点、蔬果、鸡尾酒，以及美食沙龙、工作坊、客座主厨……丰富的互动体验。单厨不仅是一家咖啡馆，更是品味"味蕾的阅读"之场所。

单谈，涵盖读书会、展览、课程、电影放映、音乐演出等文化沙龙，10年，1000余场沙龙，2000余位嘉宾，20多万听众。来到这里的每一个人都能获得那份宝贵的共鸣，认识自身与生活的另一个视角，或是感受到某种超越性的价值和意义。

单向空间以挚信生活方式为主的自有文创产品，以"阅读"为核心概念，涵盖艺术设计品、文化创意品、生活家居用品的商品系列。

单向空间的存在，就是帮助彼此拓展对方的维度：让自己变得更丰富，同时让来到书店的人变得更高尚、更机智、更有趣。体验人生中非凡的时刻,体验到那种人生被点亮的感受。

2006年首届民营书店评选,单向街荣获优秀小书店"新京报2013年度·特别致敬奖";2014年第四届北京阅读季单向空间荣获"北京最美阅读空间";2016年7月荣获中国新闻出版传媒集团、中国全民阅读媒体联盟颁发的首届"大众喜爱的50个阅读微信公众号"。

单向空间

单向空间·大悦城书店
地址:北京市朝阳区朝阳北路101号朝阳大悦城5F-42(悦界新区)
电话:010-85528651

单向空间·爱琴海书店
地址:北京市朝阳区七圣中街12号院爱琴海购物中心3F3025
电话:010-84240036

单向空间·花家地书店
地址:北京市朝阳区望京中环南路1号社科院研究生院尚8人文创意园D座1层
电话:010-84177266

盛世情书店

——这里的图书更有温度

我建议全天下所有的爱书之人都抽时间去北京盛世情书店看看。

2016年12月18日星期日，因为重度雾霾，市政府要求所有汽车尾号单号限行，所以我请商务印书馆的刘瑞龙帮忙开他的双号车拉着我和一位爱"淘书"的政府老公务员朋友"窜"到北京师范大学东门对面，人称朴素的、美丽的、真正的、纯粹的、有温度的书店——盛世情书店。

刘瑞龙说他在北师大上学时就时常到这个小书店来"淘书"，书店老板姓范，占着西城区和海淀区这两块教育、文化的风水宝地，特别有自己的特色。他上大学时这书店还有地上30平方米的门脸儿，现在，书店门脸儿缩小，搬到地下室啦。他到这个书店来"淘书"，图的是这书店图书的品位。他认为这里的品位始终一流。另外这书店图书品种多以哲学、社会学、历史学、心理学、教育学、经济学以及大专院校教材为主，也是一大特色。说着话，我们来到了盛世情书店的门前。

这间小门脸里面有7平方米左右，我们需要穿过这间房从一个很窄的的楼梯下去（楼梯墙面上都是书），地下约20平方米的屋子里没暖气，感觉有点冷。房间里很拥挤地排了六排长长的书架，书架顶上、顶下全是图书，书架之间只能站一个人，周围则是密密麻麻的书海。

"要什么书您自己看，也可以问我。"风味十足的"北京腔儿"传到我的耳中。

此时我才在"书海中"发现有个办公桌前坐着一位头顶棉毛帽子，瘦瘦的，戴着一副眼镜的50岁左右的男性中年人。

"您是范老板吗？"

"我是范玉福。听您说话也是北京人？"

"祖籍山东，长在北京。今天我们慕名而来，送您本我写的图书《践行北京精神的政协委员》，请您指正。"

"哎哟，大作家贵客光临啊，那我先谢谢您啦！您看这怎么话说的，我这儿连个座儿都没给您预备，这儿太窄吧，真对不住您几位啦！"

此时，有一位很得体的女人正巧进门，范老板介绍说这是他老婆也姓范，一起经营着这家小书店。范老板娘张罗着给我们沏茶，屋里没茶具，她又跑出去沏茶端了回来。她接着我们聊天的话茬"热热闹闹"地聊了起来，顿时，这间没有暖气的房间里"温度"直线上升，老公务员边脱大衣，边说"这个书店真有温度，这里的图书更有温度"。

老公务员见这个书店社科文学类图书为主，图书质量高而且较全，于是问范老板一些很专业的学术问题，也考问了许多畅销书书名、脱销书的书名以及所有各类图书在本书店里的库存量。

例如老公务员问起师大古代文学专业执牛耳者郭英德老师精彩的博士论文《明清传奇史》时，范老板立刻明确地告诉他——此书在第六个书架的第一层上，是师大元明清文学专业研究生的必读书。这本书在主流电

左起：范玉福、李士杰

商网站上都难觅其踪，但这里有"存货"。

范老板听说我是1967届北京老知青，就聊起他经营书店的缘由。范老板1963年7月出生于北京，1968年因家庭出身问题随全家下放到当时北京延庆县花盆公社，下放期间，父母早逝。他在当地上小学、初中、高中，1982年回京后进入北京公交公司的汽车修理厂，工作期间上过电大。他从小酷爱图书，于1991年辞职摆摊卖书，几经辗转，在海淀区北太平庄铁皮屋销售图书，后因城市改造，2000年迁入现地址（西城区新街口外大街6号）售书至今，因紧邻北京师范大学，经营高品质学术专业图书，逐渐形成了自己的品牌特色和影响力。

北师大以人文学科见长，其中的旧书也都以人文图书为主。例如北师大教授们的著作尤为齐备，有着明显的地方特色，很多学生都来这里买自己专业老师的著作。

可能只有我能够体会逛旧书店对于老公务员这样一位爱书人的魔力，我记的国家民委政法司的毛公宁司长和李建辉局长都说他们把每次逛书店都当成一次旅行，"淘旧书"能给人新的发现和惊喜。

这个盛世情书店的环境，可以给人一种超时空的奇妙体验——老公务员此时在繁杂的书架间如虫般缓慢蠕动，绕过脚下堆砌在地板上的书籍。这时他的眼睛顺着书脊开始旅行，其中的某一本书让他的眼光暂留，将书从书架上抽出，便成为他这段旅行中的一个目的地。

聊到关于政府对中小民营书店实行免税的优惠政策，范老板认为，免税政策对中小实体书店来说意义不大，对大型书店的意义可能大一些。

谈及2016年盛世情书店能够拿到市政府的好几万元的扶持资金时，

范老板夫妇激动了,眼含热泪,双手握住老公务员的手说:"您替我们谢谢政府!我两个双胞胎女儿今年都考上了大学,刚刚给她们凑足了学费。"

说到书店今后的发展,范老板平息了刚才激动的情绪。范老板介绍,盛世情书店已经开了二十多年了,但经营的状况越来越艰难。百分之七八十的流水都扔在房租、人员成本上,现在只能是勉强维持的状态。因为经营多年,积累了一大批忠实读者。正是有这些读者的支持,书店才能维持到今天。

范老板说了他如果拿到这笔扶持资金后自己若干项的"梦想":第一,扩大经营面积,改善经营购书环境,增加导购业务专业人员,完善增加经营品种。加大回收古旧图书,多参加书市、书籍博览会等活动。书店的设备已经老化,个别书架已经老化坍塌,墙面已经变得灰暗脱漏,地胶也已经开裂,门面已经很陈旧剥落,这些都亟待翻修和修缮。

第二,给贫困边远地区的学校捐赠图书,成立小型的阅览室,希望更多的孩子通过阅读图书汲取知识来改变命运,给国家培养有用之人。去福利院、附近

的聋人学校举行捐赠图书活动，并形成长久的服务链，为让更多的儿童和青少年从书中想学到知识尽书店的绵薄之力。

第三，建立客户数据库。给经常光顾书店的顾客、购买量大的客户建立基础信息（名称、联系电话所购书名、交易时间等）。增强品牌影响效力，加大网络宣传。加大在互联网上的投资，在网络（百度、搜狗等）做宣传，扩大影响。

第四，拓展连锁经营，辐射北京其他大学校区。流动销售图书。开"零点"书店。在北京的其他高校周围再开连锁店，使更多的高校师生能够从我们店购买学术图书，同时也增加了书店品牌的知名度。

第五，定期举办文化沙龙讲座。参与公益事业，扩大品牌效益。

因为时间关系，我和老公务员、刘瑞龙依依不舍地离开了这个朴素的、美丽的、真正的、纯粹的、有温度的书店——盛世情书店。

> 对于实体书店来说，
> 2017年就是调结构，去库存，扩内需的一年。

北京盛世情书店

地址：北京市西城区新街口外大街6号
电话：010-62052901

安尤视界艺术书店
——为繁忙的都市人打造一间"大学宿舍"

左起：吴新秋、李士杰、李建辉

安尤视界（北京）展览有限公司简称安尤视界艺术书店，网点尤伦斯艺术商店（UCCASTORE），设立于2007年8月28日。经营范围有图书、报纸、期刊、电子出版物。属于专精特新类书店，经营国内外艺术书籍、艺术画册、摄影、设计、建筑、期刊。

书店与设计师田军先生合作联合策划呈现。旨在为繁忙的都市人打造一间"大学宿舍"，她象征着青春、积极的生活方式，呼应着人们对学生时代的追忆，更代表了在繁忙生活中人们对于精神生活的不懈追求。空间被三面矮墙分割为四个功能性区域：走廊、洗漱区、阅读区和寝室，呈现书籍、文具、家具、艺术衍生品等，致力于通过多元化的购物选择和整体

空间概念将其生活理念传达给更广泛的公众。

在过去的九年里，书店为广大艺术设计爱好者持续呈现的不仅是设计产品本身，更是个体和当代城市生活之间的通道。书店自成立以来，一直服务于广大的艺术爱好者，并成为艺术爱好者的聚集地，店内拥有大量的艺术画册，除了种类众多的国内艺术书籍，最为独特的是店内拥有众多的外版艺术书籍。

自2008年开始，书店每年都会派遣人员去参加德国法兰克福书展，通过全世界最大的书展了解世界最新的艺术动态。

书店一直和海外八十多家出版社保持着良好的合作关系，并且书店在图书采购方面有着很强大的团队支持，书店采购团队负责人拥有着十多年的艺术画册采购经验，确保采购的书籍最快、最新、最专业，符合广大艺术爱好者的需求，从而增加了读者与书店的黏性。

书店定期举办图书发布会和店内读书体验区的方法将书籍展现、出售给广大艺术爱好者，深受广大艺术爱好者的喜爱与好评。

做一个文化艺术的传播者而不是书商，是安尤视界艺术书店一直所追求的目标。

安尤视界艺术书店（尤伦斯商店）

地址：北京市朝阳区酒仙桥路4号798艺术区
电话：13581751114（联系人：解寅）

北京博雅堂书店
——中国古代文化的图书占了六成

听人介绍说北京大学校园内有个朴素的、纯粹的、用传统经营模式坚守了十几年的老书店——博雅堂书店。

今年冬季的一个上午,我约上李建辉等几位爱逛书店的朋友进北京大学,找这个博雅堂书店还真是花费了很多时间。沿途的路上也没有指示牌,幸亏遇见一位老师指引我们到一个超市,门口有"博雅堂书店"的牌子。进超市需要下到地下室,在地下室的尽头我们终于发现了这个书店。

步入书店,确实使我们"眼前一亮":十几个老式的木书柜满满地竖立在书店里,从地面直上屋顶,全是排列整齐的各类图书。

我们从悬挂在墙上的工商营业执照和出版物经营许可证得知,这个书店是 2001 年 11 月 6 日设立的。

　　书店的女老板杨女士说，书店以经营学术精品图书为主。在学术精品中，研究中国古代文化的图书占了六成，很好地满足了在北大的海内外研究中国古代文化的读者的需要，有力地传播了中国传统文化。

　　读者层次非常高。这些读者主要有北京大学师生、来自全国各高校的进修教师，其中包括在北大就读的港澳台地区学生和日本、韩国、美国等数十个国家的留学生，还有来自全国、全世界的在北大讲学的学术大师、名家。北大著名教授叶朗、欧阳哲生等，海外著名教授杜维明、陈鼓应、张旭东等，常来购书，并对书店的服务表示满意。北大有学生在网上发表文章和留言，对书店的服务给予热情肯定和赞美。

　　为了保证精品图书的全、新、快，她们与全国一百多家出版社和供应商建立了密切的合作关系。为了使读者满意，书店采用专业的智能化网络

管理，开设电脑查询、送货上门、图书快运、微信支付等业务。同时，考虑到学生的实际消费水平，书店里的多数图书打折销售。

读者热情赞誉和支持使得她们在书店坚守十六年至今。由于近年来受到租金上涨、书价上涨、网络销售、读者阅读习惯改变等冲击，书店经营面临巨大困难。她说如果资金充足书店准备购入有关中国传统文化的质量高、定价高的图书。这些图书包括国家图书馆出版社出版的《清代家集丛刊》《清代闺秀别集丛刊初编》《楚辞文献丛刊》，中华书局出版的《清实录》，国家清史编纂委员会编纂的近数百卷文献丛刊等。

"购置这些图书，尤其能较好地满足文史哲和考古等系师生和在北京大学讲学、留学的海外读者的需要，对于传播中华文化具有重大意义。"杨老板挺有信心地说。书店目前尽管困难重重，但将继续举办不定期的图书沙龙活动，加强书店与读者、读者与读者之间的交流。

我们几个人当场都表示今后有时间一定来参加她们组织的图书沙龙活动，并尽自己的能力来帮助这个坚守了十六年的朴素的、纯粹的老书店。

北京博雅堂书店

地址：海淀区海淀路5号北京大学校内10区一层
电话：010-62756477

蒲蒲兰绘本馆

——连续三年被外媒评为"全球最美书店"

北京蒲蒲兰文化发展有限公司简称蒲蒲兰绘本馆。成立于2005年10月，隐身于北京建外SOHO这个时尚之地，温馨、可爱，又不失前卫的设计感吸引着来自世界各地的绘本爱好者。它是国内首家以儿童绘本经营为特色的新型儿童文化空间，连续三年被外媒评为"全球最美书店"。

一走进大门便可见一条彩虹色的地毯指引着小读者们走入书店空间，沿着"彩虹"可前往二层，白色基调的书架衬托着五彩斑斓的绘本封面。船头造型的独特书架及轮船独有的圆形窗户，让孩子仿佛置身在即将远航的一艘船上。

书店内多处可供亲子阅读的空间极为温馨，可以让孩子待上数小时享受阅读的快乐。一个略低于地面的圆形彩虹地毯是周末故事会的集合地，

每个周六、周日，都有蒲蒲兰故事人给孩子们讲述有趣的绘本。

书店的橱窗、展示墙及店内空间每月都会根据不同的节日和节气更换装饰，让孩子每次来都有新鲜感。很多店内的装饰都是由店员和艺术老师纯手工制作的。

一楼活动室的墙面也同为彩虹色设计，在这里每个月都会开展各种与早期阅读相关的有趣活动，以及绘本延伸活动课堂。很多世界级的绘本作者都在这里和孩子们见过面。

中国首家绘本主题的儿童书店

说起"中国的绘本"，日本白杨社前社长坂井宏先是个绕不过去的人。讲起蒲蒲兰的故事，图画书编辑、日本白杨社中国投资公司北京蒲蒲兰文化发展有限公司女董事、总经理，图画书阅读推广人，首届中国原创图画书大赛评委石川郁子更是个绕不过去的人。

石川郁子 1989 年到中国学习汉语，曾将中国作家王朔的《顽主》翻译成日文介绍到日本。1995 年，石川郁子见到了来北京参加国际图书博览会（BIBF）的坂井宏先，坂井社长看到书店里的童书印刷质量和纸张等硬件以及内容都不理想，而且完全没有绘本，他吃惊地问石川郁子："中国为什么没有绘本？"

石川郁子告诉他，"文革"将中国与国外的文化交流打断，中国的儿童绘本没能跟世界同步发展起来，中国有连环画，却匮乏世界水准的儿童绘本创作。此时的坂井社长脑中，已经萌生出了要在中国做儿童出版的想法。

2000 年，坂井社长在经过几次的考察后决心要做中国的出版事业，邀请石川郁子加入日本白杨社，开始在北京开设办事处（蒲蒲兰的前身）。前期是进行市场调研，并从版权贸易开始与中国出版社接触。

2003 年中国向外商开放了图书零售权。2004 年"蒲蒲兰"成为第一家在北京成立的外资出版物分销公司，蒲蒲兰公司正式成立，2005 年书店开始营业。石川郁子说："我们完全是根据中国的出版政策开放程度一步一步过来的，稍微特殊的情况就是也做出版策划，也做零售批发，出版行业的所有东西我们都做，这在日本在中国，也可以说是以前从来没有尝试过的一个模式。"

书店的设计委托了日本设计师迫庆一郎，坂井社长对他说的第一句话是："要做没人看过的、新鲜的、最美的书店！其他的，可以自由发挥你的才华。"就这样，中国第一家以绘本为主题的专业儿童书店成立了。

12年前，蒲蒲兰绘本馆成立时，大概没有人想到今天绘本馆这样的事物能在全国各大一线城市生长，也没有人知道给孩子培育这块阅读的土壤究竟需要怎样旷日持久的劳作，但这家绘本馆的12年，是中国绘本一段醒目的历程，其中有艰辛、有坚持，也有爱和来自绘本的温暖。

首当其冲的问题是12年前，大家不知道"绘本"是个什么东西，绘本是怎么回事？因此蒲蒲兰要做介绍、启蒙和推广工作。怎么介绍、怎么启蒙？那就要做书。图书要介绍给大家的话，没地方怎么行？那自己要做一个平台，做绘本书店。

蒲蒲兰成立之初最让大家苦恼的一件事是书店里没有中文版的绘本，只有日文、英文的，店员们唯一的办法是把外文书上的文字翻译过来，一条一条把翻译剪下来，贴在外文绘本上面。

第一批做的绘本是认知类的比较多，家长们比较好接受。比如《首先有一个苹果》，不仅仅讲故事，也可以数数；或者家长们比较好接受的主题性较明确的绘本，如《彩虹色的花》，教给孩子为人奉献爱的道理。

绘本在中国的发展是始自民营力量的参与，尤其是外资企业和中国民营企业。正是在这些机构及热心推广人的推动下，慢慢润物细无声地开始有了绘本文化的氛围。

"有一本绘本叫作《花婆婆》，其实我们开始就是花婆婆的角色。推广人也好、出版社也好，重要的在于怎么在中国把这个绘本的种子播撒下去。"石川郁子说，差不多2010年前后，绘本的普及度才算有了一点起色。

所以说，从作为绘本文化整体理念的推动来讲，蒲蒲兰早期开拓者的角色功不可没。

一本原创绘本《荷花镇的早市》用了5年

石川郁子认为，一个国家要建立真正的绘本文化，原创绘本一定是不可缺少的版块。12年前的中国并不具备原创绘本的生存环境，虽然中国有很多优秀的画家，但对绘本艺术还比较陌生，更缺乏经验丰富的绘本编辑。虽然困难重重，但蒲蒲兰一直致力于中国原创绘本的发展：从绘本作者的寻找、选题的开发到产品制作、市场推广、版权输出等，都在探索中不断成长。蒲蒲兰还聘请日本资深绘本编辑做顾问，在出版过程中培养出自己的专业绘本编辑，和作者绘者不断磨合，让作品以更好方式呈现。

蒲蒲兰做第一本原创绘本《荷花镇的早市》用了5年，中文版、日文版同步推出。这本具有浓郁中国风格的原创绘本，被很多媒体和专家列为"中国原创绘本的优美开端"，并获得第一届丰子恺儿童图画书奖，在市场上也收到良好反响，不断再版。此外，《迷戏》获得国际大奖亚太出版商联合会图书奖金奖，第二届丰子恺儿童图画书奖"评审推荐创作奖"；《北京中轴线的城市》《悟空，乖！》《荷塘月色》等书的版权成功输出到台湾地区和日本。

2015年1月，蒲蒲兰推出的原创绘本新作包括彭懿、九儿合作的《妖怪山》、向华和马玉合作的《小鲸鱼回家》、于大武的《北京的春节》，展示了蒲蒲兰原创绘本的品质，其中，《妖怪山》开创了尚在预售便已再版的纪录，提振了原创绘本的市场，被赞提升了原创绘本的整体格调。

北京蒲蒲兰文化发展有限公司把2015年列为蒲蒲兰的"原创年"，做原画展、原创绘本论坛、全国绘本沙龙巡回等丰富多彩的文化活动。

越来越多的绘本店在国内建立

从2005年至2017年，这12年绘本文化在中国有了很多变化。比如12年前产品少，营业场所少，后来书品种越来越多，过去北京、上海、广州、深圳这样的大城市都没有多少人认可绘本书，但现在好多偏远的地级市、县级市都会经常有人打电话咨询蒲蒲兰如何设立绘本书店。尤其是幼儿园、幼教系统对绘本的关注度是越来越大。

对于"绘本时代来了"这个说法，石川郁子没有那么单纯乐观地认可。她说："这12年的努力现在是萌芽的时候，还没开花，我希望是更健康地盛开。"

12年前的问题是大家对绘本的接受比较困难，现在的问题则是绘本书馆雨后春笋般地出现了极强的竞争。当年蒲蒲兰的烦恼是书架没书怎么卖，现在是书太多了，童书出版的种类和数量在短短几年时间之内迅速增长。

在出版业整体衰微的情况下，全球性的只有儿童出版是其中的增长点，这是各大出版社——包括非童书传统的出版社都看重的利好消息。由此带来的儿童图书出版的势头也是惊人的，这12年之内，尤其是最近5年，中国经历了日本或者欧美国家图画书的发展几十年上百年的历程。书店老板的烦恼也完全变了。

大家蜂拥做绘本，国内原创不如引进版权快，也带来了引进版权竞争的激烈。蒲蒲兰之前出版

是买一本的版权出一本，慢慢做，现在的情况是市场上一下子出现很多产品，家长也不知道怎么选书，有时候一本好书出来还没来得及好好宣传，营销就下架了，很难生存。

有的国外出版社看准中国市场，把陈年压箱底的书翻新卖给中国出版社，其中出现高价竞逐得奖的童书屡见不鲜。

中国绘本产品市场呈快速增长，有人估计，中国市场上每年新品种绘本数量已经突破2000种。现在全国已有几千家绘本馆在努力创建亲子阅读空间、举办亲子活动、绘本文化巡讲等，推动儿童早期阅读。

石川郁子说她时刻提醒自己的就是不要忘掉初心：我们一直致力于推动绘本文化在中国的发展，看到越来越多的孩子和家长快乐地享受绘本，我们感到很幸福。同时，在快速发展中的中国，能够维持员工们的信心和积极心态，抵住外界的刺激，坚守绘本事业，保持公司的健康发展，把原创绘本推向世界，努力让中国绘本作家、作品与世界接轨——这是石川郁子的"中国梦"。

12年，当年读绘本的孩子早已经告别了读绘本的年龄，但那些绘本带来的温暖或许能够留在记忆深处。

（文中部分文字由蒲蒲兰提供，选自《新京报》《出版人》杂志、人民网等媒体报道。）

蒲蒲兰绘本馆

地址：北京市朝阳区建外SOHO西区13号楼一层1362
电话：010-58693032

精典博维书店
——集品质、品德、品位于一体的创新型的综合文化体

精典博维书店的全称是"北京精典博维文化传媒有限公司",设立在北京德胜国际E座101房间,门口还有个名为"博空间"的招牌。

精典博维书店拥有11年图书策划、出版、发行能力,是北京市出版发行业协会副主席单位,是一个集品质、品德、品位于一体的创新型的综合文化体。这个书店是如何生存和经营?不断推进的信息化建设又给书店带来了什么?我们带着诸多的疑问走进了精典博维书店。

接待我们的申浩总监用手指着"博书屋"三个字说,这是诺贝尔文学奖得主莫言先生亲自为书屋题的字。

据他介绍,当前很多传统书店都在下滑、萎缩,但精典博维书店依然

怀揣着文化人的执着和梦想，请来知名设计师和装修团队、花大力气和成本将原有的书屋扩大、翻新，重新装修，添加了更多时尚、科技和便民的元素。并且延长营业时间，周末不打烊，打造成了今天的1000平方米营业面积的书店。

书店里有馆藏图书文献10000多册，多是些有深度的优质图书，如儿童读物、青少读物、文化精品、经管读物。中间360度旋转书架两面或是侧面展示的艺术品，充分让读者感受书海墨香的独特阅读体验。

咖啡吧休闲区提供各种口味现磨咖啡以及各种冷、热饮、茶点等，为读者提供便利和优质服务。

因为这个书店附近是老城区，工薪阶层居多，机关单位宿舍多、民居多，有一定的文化需求。为了让大家下班后、晚饭后、周末休假日能有更多休闲与享受文化的空间，书店的营业时间是从早9点至晚20点，周末照常营业，阅读空间每周开放时间达77小时以上。同时书店为社区居民办理文化消费打折卡和与几个金融机构联名的优惠卡等，促进文化与金融有机结合。

书店与周边的西城区德胜街道、德胜商会、总工会、团委等联合，不

　　定期推出一些公益读书活动、读书沙龙，与专业机构合作，建立社区物流中心，把网上购书与书店取书结合起来，为社区提供生活便利，推动全民阅读事业。

　　在申浩总监的引领下，我们到地下一层看到宽敞的大厅整洁光亮，墙的四壁挂满了水墨画、油画。

　　申浩总监让我们看到这里面向儿童、成人的水墨画、油画、书法等培训课程表，已经安排得很满。其中有莫言、阎连科、麦家、阿来等作为精典博维书店签约作家出席的读书沙龙、名家签售和新书发布会等活动的日期。

　　书店每天为写字楼群里"上班族"组织的午修课，由于内容不同，有茶艺，有花道，所以激发了"上班族"的体验兴趣。而书店每个星期组织的书与茶艺、诗词歌赋会、名家讲堂、文学沙龙读书会，以文化、历史、艺术内容为核心，选择读者关注的相关话题组织系列活动以及组织会员内部交流会，同样激发了"读者族"的体验兴趣，帮助读者建立了更广的社

交分享平台。

我们在这个书店看到书架上所选书籍，充分体现了书店主人的个人审美趣味。书店主人随着书店的多元经营面积增加，阅读体验空间扩大，以及在推进信息化建设中，很早就着手建立了自己的发行管理体系，做好了与作家、与出版社对接的准备，定期举办的各种活动促进了读者与书店、读者与作家、读者与艺术家和学者之间的互动交流。

精典博维书店在我们看来，是一座创新的图书圣殿，是其他书店经营者应该认真学习的榜样。

> 有什么样的书店，就有什么样的城市。

精典博维书店

地址：北京市西城区德外大街87号德胜国际E座101
电话：010-82061212 分机 8100

北京西藏书店
——西藏文化之家

左起：洪声刚、王小英、钟昊、李士杰、王强、李建辉、于伟

要介绍高原街甲2号"非著名的"北京西藏书店，一定要先介绍高原街1号"著名的"北京西藏中学。

常驻北京的人和到过北京的人，基本上都知道京城北四环东路，有一座红白相衬、宛如小布达拉宫的藏式建筑——著名的北京西藏中学。

1987年9月19日，自第一批101名藏族学生来到北京至2008年止，北京西藏中学已招收13届初中生，共1135人。至2016年，高中毕业生总数达4654人。他们中的大多数学生或考入大学深造或学成返回西藏工作，都已成为建设社会主义和谐新西藏的生力军。

北京西藏中学的邻居是北京西藏书店。

2010年6月28日北京西藏书店正式营业至今，书店里除了陈列整齐的各类图书外，还点缀着藏香、香炉以及印有西藏画师手绘图案的鼓桌、鼓凳。这里不仅可以欣赏真正的藏式传统家具，而且能聆听悠扬的"碧汪"乐曲。藏式风格的传统工艺品点缀其间，墙上布置着藏文的书法作品和供奉着德格印经院的古老唐卡版画。陶醉于醇厚的藏香气息中，感悟着佛教的六字真言，体味着中华汉藏文化的博大精深，读者仿佛置身于神秘的雪域高原。

作为除藏区外涉藏类图书品种最多、最全、最有特色的北京西藏书店，在国内堪称"独树一帜"。店内珍藏着古老的版画、藏文原版书籍及精美画册。经营范围主要包括涉藏书籍、藏香和唐卡。

涉藏书籍涉及众多领域，以弘扬中华西藏文化为宗旨，全方位展示西藏文化和西藏社会经济文化新成就，增进汉藏文化和各民族交流。所售图书分12类、共计5100多个品种。其中藏文书籍1200余种；佛教书籍800余种；藏传佛教书籍200余种；畅销书籍400余种；经典书籍200余种。

　　藏香是藏传佛教在宗教仪式中使用的一种香,已经有上千年的使用历史。西藏书店不但推广和普及藏香、藏药知识,而且与西藏楚布寺合作出品楚布寺藏香,并将其所蕴含的藏文化发扬光大。

　　唐卡是藏族文化中一种独具特色的绘画艺术形式,题材内容涉及藏族的历史、政治、文化和社会生活等诸多领域,具有鲜明的民族特点、浓郁的宗教色彩和独特的艺术风格。采用珍贵的矿物宝石和植物为颜料,保证了所绘制的唐卡色泽鲜艳,璀璨夺目,历经几百年的岁月,依然色泽艳丽明亮,因此被誉为中国民族绘画艺术的珍品。

　　西藏书店出售的不只是一本书或一份礼品,而是在传递一种精神和文化。他们将专业化、特色化的文化理念传递给每一位到店的朋友。

　　北京西藏书店举办的唐卡绘画学习、藏语知识讲座、多项公益活动,都在诠释着北京西藏书店的服务理念:

　　诚心迎接每一位顾客;耐心对待每一位顾客;

　　欢心送给每一位顾客;衷心祝福每一位顾客。

　　"非著名的"北京西藏书店是著名的北京西藏中学藏族师生们的"西藏文化之家"。

藏族师生们来到书店和藏族售货员说着家乡话，购买着家乡的特色商品，高年级的藏族学生在这里时常与在北京工作的藏族学者聊家常，谈论藏文版的课外书的故事。久而久之，藏族学生和在京的藏族同胞把西藏书店当成了自己的家。现在书店里许多忙碌的售货员其实是打义工的藏族志愿者。

书店自开业以来有多位领导同志和专家学者莅临，包括政协委员、人大代表、民政部、文化部、文艺界、佛教界等知名人士，他们对书店的工作予以肯定、赞扬及表示支持。例如2013年12月15日，西藏自治区党委常委、纪委书记金书波同志来到北京西藏书店光临指导并为书店题字"西藏文化之家"。

书店以弘扬西藏文化为宗旨，全方位展示西藏文化，只要是增进汉藏文化交流的事情，书店都在全力去做。包括经常举办的签名售书、新书发布会。

2013年10月27日，新华社高级记者、新华社北京分社图片总监、北京市民族联谊会理事唐召明老师在北京西藏书店举行由十届全国人大常委会副委员长热地作序的《走遍藏北无人区》一书的签售活动。

唐召明是第一位九次只身闯入平均海拔5000多米的藏北无人区的汉族记者，他用手中的相机和笔，记录了那里的开发建设和发展变化。在人迹罕至的高原，他几次遇险，几次死里逃生都是在藏族同胞的帮助下化险

唐召明在北京西藏书店向读者介绍《走遍藏北无人区》一书／陈晓根　摄

为夷的。

　　我作为唐召明的好友（同为北京市民族联谊会理事）时常被他"痴迷西藏"的精神和行为深深感动，同时又不禁好奇：是什么样的吸引力使他用毕生的精力奉献于西藏？

　　对此，唐召明给出了答案："我生在山东、长在青海、后来又进藏工作，身体里流淌着青藏高原34年的青春血液，我们对于西藏的付出，远远不及西藏和西藏人民所给予我们的恩泽"。

　　他还曾说："每位献身西藏的进藏者，都是一尊不朽的雕像。他们以奉献为天职和使命，献了青春献终身，献了终身献子孙。而在奉献的同时，他们的感情、灵魂也被高原所净化、所升华。他们对西藏倾注了比养育自己的故土更多的爱，那爱已经深深地沉积在他们的血脉里，任何情愫都难以替代。"

　　从人称"痴迷西藏"的"玩命记者"唐召明，我联想到促进藏汉民族团结进步的典范——北京西藏书店董事长钟昊。他在北京西藏书店连续几年亏损的情况下，毅然的"投资、坚守"让我非常感动，他说的"再困难也不能关了书店"这句话，至今让我不能忘怀。

因为他知道对于很多藏族学生和藏族同胞来讲，北京西藏书店就是他们在北京的新家。通过与藏族学生和藏族同胞长年的接触、了解，钟昊不但把他们当成自己的亲人，也把西藏当成了自己的第二故乡。他对大美西藏充满了向往和无比的热爱，对西藏有着深厚的情感。其表现是多方面的，例如，北京西藏书店多次组织中医专家到西藏为藏族同胞和寺庙僧人义诊，送医送药，送去温暖与关爱，受到藏族同胞的赞誉和感激。

北京西藏书店

地址：北京市朝阳区北四环东路高原街甲2号鼎春德酒店一层
电话：010-84644519
公交：搭乘215路、361路、379路、406路、419路、479路、62路至"惠新东桥南"站，步行500米
营业时间：周一至周日 9:00-20:30

绘本乐园

——书店＋阅读体验中心＋儿童乐园

　　北京和源盛典文化发展有限公司于2013年9月10日在大兴区亦庄的北京盛通印刷公司所在地注册成立。为了解决社会对儿童书店的需求，成立了绘本乐园书店（绘本阅读中心）。在大兴区有很大的"名气"，每周除了星期一，会有很多0～12岁少儿及其家长，从很远的地方或开车或乘公交慕名来到这里。

　　绘本乐园书店室内面积500平方米，冬有暖气，夏有空调。划分为七大区域：儿童绘本区域（0～6岁）、少儿读物区域（6～12岁）、英文原版图书区域、家长图书区域、大小舞台、实践手工玩乐区域和静音阅览室。员工（老师）都是年龄在23～32岁的、有教师资格证的大学毕业生。

　　书店的图书是以主题、出版社和年龄为依据进行分类，少儿及其家长还可在微信端查询图书，并在借阅前台询求具体的图书推荐。向读者提供的万册中外获奖绘本、儿童读物，可以购买、阅览和借阅。

书店由绘本和儿童文学界权威资深人士、国际儿童心理学专家倾力打造，成为大兴区乃至北京市知名的儿童书店、书店＋阅读体验中心＋儿童乐园，更欲发展为中国绘本创作者、编辑、知名阅读推广人的聚集之地。

书店现有一万余册少儿读物，品种齐全、质量优秀，每个月都会筛选新出版物进行更新。

例如2016年为小学生提供的畅销图书：

名建筑组装模型书、实验跑出来了系列、探秘百科全系列、国际大奖短篇小说、最美的名著——全球顶级画家珍藏版、中国国家地理少儿百科、科学探险手记、有趣的透视立体书、有趣的科学、可怕的体验、看得见的文明史（12册）、探索百科（全12册含"太空、鸟类、人体、古代文明"等）、疯狂的学校、成长的要素、最美的科普、纽伯瑞奖少年小说、双语名人传记故事、小小自然探险队、名著名绘典藏版等。

2016年为幼儿提供的畅销图书：

中国民间童话系列、情境认知绘本、小金色童书、爱的礼物、转转翻翻玩具书、我能更强大、幼儿园里的26个开心果、成长全知道、暖房子经典绘本等。

绘本乐园书店对于那些不

爱阅读的儿童，会和家长一起合作，通过"题材选择—阅读引导—内容趣味讨论、发散—阅读与玩乐主题结合"的方式，帮助孩子尝试阅读、喜欢阅读、爱上阅读。

书店会经常开展故事会、绘本主题、同龄交流及探索体验等主题活动，让孩子通过亲身体验与创作，探索各类事物的运作方式，感受世界的神奇。帮助孩子全面提升阅读量与阅读水平，建立终身学习习惯；鼓励小读者通过参观、实践、体验、交流来了解世界。

不仅仅是阅读，而是阅读+实践的方式来认识世界

如果仅仅是阅读，是无法让少年儿童认识并了解世界的。因此，书店向少年儿童提供了各种参观体验实践的机会，例如参观消防队、参观牛奶厂和面包厂、了解一本书的诞生过程、了解饮料的制作工艺、到古生物馆博物馆浏览、到前沿机器科技体验、各类美食的亲手制作等等。还有做主持、卖报纸、卖水果、送牛奶等生活类活动和各种主题的小义工体验。每次主题活动之前，书店都会和孩子一起阅览相关书籍，活动之后也会和孩子们讨论总结。

在这样的"阅读+实践"模式下，孩子们收获颇丰，成长也很快。因此受到了周边家庭的热烈欢迎。

阅读角、销售角分布在生活区周围，随时可阅读

绘本乐园书店与合作伙伴在双井、亦庄、通州等地区开办了一个又

一个的"阅读角""图书销售角",让周边少年儿童的图书阅览、购买和借阅更加方便。目前,阅读角正在延伸至北京的北三环,以后会有更多的阅读角、销售角串联起来,让孩子无论身处哪个区域,都有品种齐全、质量上乘的少儿读物可以借阅和购买,都有丰富的主题实践活动可以参加。

在图书购买方面书店匹配了各类方便快捷的电子服务,小读者及家长不仅可以通过微信客户端查阅借阅期限和馆内数量、查找预约图书,还能够通过微信公众平台和微店在线预订主题探索活动,并能用支付宝、微信钱包进行便捷支付。

绘本乐园

地址:北京亦庄经济开发区经海三路18号
　　　(北京盛通印刷股份有限公司)绘本乐园楼四层
电话:010-67887770
交通:地铁亦庄线"荣京东街"站下车,搭乘开发区5路公交车
　　　"经海三路北"站下车,马路对面即是
　　　(电子地图搜"绘本乐园"或"经海三路18号")
营业时间:周二至周日 10:00—19:00

【关于实体书店格言名句摘录（一）】

◎有什么样的书店，就有什么样的城市

◎书店呵护着城市的这道人文之光

◎开书店是在传承人类优秀智慧，此书为开书店的人树碑立传

◎特色书店各有千秋，书店经营者都付出热爱和坚守

◎特色书店是照亮北京的城市之光

◎实体书店的成功逆转，就在眼前

◎实体书店的转型需要重新发力

◎实体书店更强调人性化的细节服务

◎实体书店的经营者要有人文、创新、体验的情怀

◎实体书店正面临着激烈地竞争，不进则退

◎实体书店强调用体验和互动来促进销售

◎书籍是人们学习最好的老师

◎读书是滋养生命和心灵的最好营养

◎读书才能真正汲取知识和智慧

◎传承人类优秀智慧，需要大家协力而为

京城特色书店——政协委员与实体书店
国有书店篇

中国书店
——新中国第一家国营古旧书店

  中国书店坐落在闻名中外的琉璃厂文化街上，素有"淘书圣地"之称。1952年11月4日，中国书店在演乐胡同正式开业，北京市副市长吴晗代表北京市人民委员会在开业仪式上发表了讲话，这是新中国第一家国营古旧书店。时任政务院副总理郭沫若题写了牌匾"中国书店"。
  中国书店是一家集古旧书发行、出版、拍卖及书画艺术品经营的综合文化企业，旗下14家连锁经营门店以闻名世界的琉璃厂文化街为主要经营阵地，辐射北京市内各主要商业街区。作为专业从事古旧文献收购、整理、保护和流通的中国书店，在长达六十多年的经营历程中，发掘、抢救、保存了大量的珍贵古籍文献，积极为中华文明的传承与发展做出自己的贡献。作为全国最大的古旧书店，中国书店集古旧书收收购、古籍整理出版、古旧书拍卖以及书画艺术品、文房用品经营为一体，是京城传统文化消费的主要阵地，作为北京传统文化的标志和象征之一，被人们誉为"京城传统文化守护者"。

近十年来，中国书店大力开拓海外市场，延续前人的访书事业，与世界各国古旧书商进行业务交流，在抢救、购买流失海外的中国珍贵古籍善本方面做了大量卓有成效的工作，其中有宋刊本《佛说佛母出生三法藏般若波罗蜜多经》，元孤本《类编图经集注衍义本草》、元刊本《经史证类大观本草》，明刊本《初学记》《四书》，清刊本《金瓶梅》、清内府拓本《敬胜斋法帖》等珍贵古籍。

中国书店读者服务部位于琉璃厂东街115号海王村院内，是中国书店最大的专业实体店，为广大读者提供品类齐全的文学、历史、哲学、艺术、考古、社科及综合类新书，还承担着古旧图书的收售工作及古籍修复业务。

中国书店读者服务部既是藏家淘书的乐园，又是读者寻知的殿堂，广大爱书的朋友尽可在典雅安宁的氛围中慢慢体会传统文化的丝丝韵味。北厅一层集中展示文学、历史、哲学、民俗学、语言文字学、现当代文学作品、古典名著等及新印古籍、古旧书；并汇集了大量的民族史志、地方文献、历史典籍、古籍版本类、考古研究、影印文献、古文字研

究、丛书等图书供读者选购，同时提供图书馆、学校等机关团体图书采购服务。北厅二层特设古旧书陈列专区，那里的宋版、明版图书如今在古旧书店都很难觅见的。南厅展示美术画集、艺术考古、书画技法、碑帖篆刻及鉴赏类书籍，应有尽有，被誉为遐搜博采的首选之地，人文荟萃的雅游之所。

中国书店读者服务部承担着中国书店古籍修复业务。自中国书店成立以来，古籍修复业务先后为博物馆、图书馆、文物单位，以及党和国家领导人、知名人士修复古籍 40 余万部，近 6000 部善本古籍完好地进入国家级图书馆永世收藏。中国书店注重培养古籍修复人才，至今已通过师带徒的形式培养出第四代传人，成为年富力强的技术骨干，为国家机关、文博单位及个人藏家修复古籍文献，使珍贵古籍文献得以保存、重获新生，取得了良好的社会效益和业绩口碑。

2012 年 "7·21" 特大暴雨后，北京某位藏书家的古籍藏品在内涝中被淹没，抢救出来后又因保护不当而生菌长霉，为如何修复所苦，经北京市非遗中心建议，藏家将受损古籍送到中国书店古籍修复工作室，经过半年的紧张工作，工作人员成功修复古籍 525 册，挽回了收藏的损失，保护了古籍文献。2004 年，智化寺从佛藏中清理出的佛经有不同程度的虫蛀、破损、断口现象，纸张老化、破损断口现象尤其严重，中国书店古籍修复技师严格遵循"不改变文物原貌"的原则，制定相应的修复方案，经过修复处理后的经书整体效果良好，达到了馆藏及陈列展出的要求。2008 年，中国书店古籍修复技艺被列为国家级非物质文化遗产项目。2016 年 4 月，中国书店古籍修复工作室被评为"全国工人先锋号"。

中国书店

中国书店总店
地址：西城区南新华街 177 号
电话：010-63035759 63175607
邮编：100052

中国书店读者服务部
地址：西城区琉璃厂东街 115 号
电话：400-0365-210
邮编：100050

王府井新华书店
——共和国第一店

  北京市新华书店王府井书店（简称王府井新华书店）坐落于王府井步行街南口，毗邻东方广场与众多政府机构，总建筑面积1.7万平方米，是北京发行集团旗下的大型国有文化企业。

  1937年4月24日，"新华书店"在革命圣地延安的清凉山创立。是中央一级图书、音像出版物大型批发企业，是全国连锁书店、国家官方的书店，在全国各地均有分店。

  2007年4月27日上午，纪念新华书店成立70周年暨全国新华书店系统先进集体、劳动模范和先进工作者表彰大会在京召开。时任中共中央政治局常委李长春会见了与会代表，并代表党中央、国务院向大会致信祝贺。

  李长春在贺信中向新华书店系统的全体员工及全国出版发行战线的全

体同志致以崇高的敬意和诚挚的问候。他指出，新华书店是中国共产党在延安创建的出版发行机构，70年来，始终是我们党宣传思想文化战线的重要力量。无论是在烽火连天的革命战争年代，还是在社会主义革命和建设时期，新华书店坚持宣传马克思主义和马克思主义中国化理论成果，自觉传播科学知识和民族文化，为团结教育人民、提高民族素质，推动中国革命和社会主义建设事业向前发展做出了重要贡献。改革开放以来，新华书店坚持为人民服务、为社会主义服务，坚持走改革开放之路，为推进经济社会发展做出了新的贡献。

面对社会主义市场经济的深入发展，面对人民群众精神文化需求的不断增长，面对世界各种文化的相互激荡，出版发行工作责任重大，使命光荣。希望新华书店进一步增强加快改革发展的紧迫感，加大体制机制创新力度，尽快做强做大，努力提高传播社会主义先进文化的能力，提高服务大局、服务群众的能力。

时任中共中央政治局委员、书记处书记、中宣部部长刘云山在讲话中高度评价了新华书店70年来为党和人民事业做出的重要贡献。指出，新华书店要牢记光荣使命，始终以传播社会主义先进文化为己任，进一步增

强政治意识、大局意识、责任意识,努力宣传党的理论路线方针政策、传播先进文化、普及科学知识,更好地为党和国家工作大局服务。要创新服务理念,更好地面向基层、服务群众,把读者需求作为第一信号,把读者满意作为衡量标准,不断拓展服务领域和渠道,提高服务水平和质量。要继续加大"走出去"工作力度,不断扩大中华文化的影响力。

刘云山强调,新华书店要进一步解放思想、与时俱进,加快改革发展步伐,更好地在全国出版物市场发挥主导作用。要以培育市场主体、完善市场体系和推进跨地区经营为重点,把出版发行体制改革引向深入,努力在更加开放和激烈竞争的市场环境中实现自身的跨越式发展,在为人民群众提供优质服务的过程中创造新辉煌。

新中国领袖毛泽东主席于1948年12月在河北省平山县西柏坡为"新华书店"的题字沿用至今。由中国新华书店协会注册的"新华书店"商标被国家工商行政管理总局商标评审委员会认定为中国驰名商标。

截至2006年,"新华书店"在全国共有14000多个发售网点,在香港以"新华书城"名义在湾仔经营,在澳门则以"珠新图书公司"名义经营。现今"新华书店"的总店与发行所位于北京市西城区。

1949年2月10日,王府井新华书店的前身——北平新华书店第一门

京城特色书店
国有书店篇

市部,在京城最繁华的王府井金街上隆重开业。作为与共和国同龄的大型国有书店,王府井新华书店至今已经走过了60多年的发展历程,在广大读者和业内人士心中有着独特品牌号召力和凝聚力,被誉为"共和国第一店"。

可以说,我们这些50年代出生的人,都是伴随着购买和阅读"新华书店"的图书成长起来的。对"新华书店"的信任和依赖,远远超过任何一家书店和书城。

记得1959年,我上小学二年级考试得了双门100分,父亲给予我最大的奖赏就是带着我,到王府井新华书店给我买了一本图书。

王府井新华书店经营至今60多年来,以构建品牌特色为核心,坚持"读者的需求就是我们的追求"这一经营理念,曾先后荣获"中国超级书城"、年度中国十大实力书城、正版示范单位、北京出版物发行行业首批诚信企业、北京最美阅读空间等多项荣誉，并连续多年被评为"首都文明单位"。

书店因地制宜结合区域特色，以优雅的动线空间规划、精心丰富的陈设展现出阅读的价值，不断创新类别布局与平台陈列方式，带动出版新动向。地上一层至六层经营图书、期刊、音像制品、数码产品、文化用品、文创商品等，经营图书30万余种，涵盖社科历史、经济管理、旅游地理、教辅科普、少儿读物、生活保健、语言文字、原版台版、中外文学、文化艺术、农林机械、机电工程、医学生物等各类出版物供读者品读选购；六层多功能厅更长期举办新书首发、演讲、座谈、互动与展览等各项延伸阅读活动，范畴遍及文学、戏剧、环保、科技等领域，实现了书店、作家、学者与读者的零距离接触。地下一层为读者美食城。中午在此简餐之后可以继续到楼上看书、购书。

为适应图书市场日益发展的需要，王府井新华书店逐年加大高新科技手段的运用，将营运范畴扩展至互联网平台，着力发展O2O运营模式，先后在亚马逊、京东、当当开设第三方网络购书平台。同时，王府井书店积极借助微信平台大力推广微信公众号，在集团系统内率先开通"王府井书店微官网"，实现了图书7×24×365实时在线查询、下单、支付、送货等服务，并通过电话购书、电子邮件、短信、微博互动等营销方式，将新书上架信息第一时间传递给读者，不仅方便了广大读者选书，更为之带来了全方位、多渠道的购书体验。

"金街播撒书香·京城文化名片"，我深信：王府井新华书店以其独特的品牌魅力、深厚的文化底蕴，将继续、永远成为广大读者心中信赖和依恋的精神家园。

王府井新华书店

地址：北京市东城区王府井大街218号
电话：400-0365-210
邮编：100006
网上书店：www.wfjsd.com

京城特色书店
国有书店篇

商务印书馆 *涵芬楼书店*
—— 京城第一店

"涵芬楼" 1904年由中国近代杰出的出版家、教育家与爱国实业家张元济创办，1909年定名 "涵芬楼"，取涵盖芬芳、包容智慧之意。1924年商务建造了一座五层大楼，取名 "东方图书馆"。遂将涵芬楼藏书全部迁入，善本书藏于三楼，仍名 "涵芬楼"，成为东方图书馆的一部分。东方图书馆对外开放，藏书多达46万余卷，成为当时亚洲最大的图书馆。1932年毁于日军炮火。为秉承文化传统，重衔历史使命，纪念商务先贤，2003年涵芬楼以现代书店的形式再现社会。著名书法家启功先生题字："涵芬楼书店"。

开业至今，涵芬楼以创建图书销售中心、社区文化中心、学术交流中心和国际交流中心的 "四个中心" 为目标，先后被评为北京市 "正版产品销售示范单位" "书香中国·北京阅读季优秀合作机构" "北京出版物发行行业诚信企业" 等。涵芬楼文化底蕴厚重，在北京市诸多实体书店中特色鲜明。主要体现在如下方面：

第一,"专"——专注、专业、专长。涵芬楼书店专业定位为社科学术书店,依托百年学术重馆,搭建学术交流平台,服务中外读者。举办专业的、社科学术类公益文化活动自2003年至今超过1000场,获得国家及市区级奖励20余项。2009年4月23日,时任国务院总理温家宝来到商务印书馆涵芬楼书店和大家一起交流读书体验。

第二,"精"——坚持精品战略,落实四个"优先":一是大品牌出版社优先,二是大出版社重点书优先,三是各出版社出版的精品书优先,四是时代热点书优先。

第三,"特"——拥有多个"唯一"。一是展示国宝,弘扬国学。《四库全书》——国家图书馆的镇馆之宝,也是世界上规模最大的图书集成,被誉为"人类历史上最伟大的文化工程,中华民族永恒的文化瑰宝"。商务印书馆以文津阁四库全书为底本,出版了"原大、原色、原样"线装四库全书,海内外尚属首次,涵芬楼店是"唯一"特设专厅陈列该书的书店,展现古典瑰宝,传承学术薪火。二是国内唯一商务、中华和三联三大"老字号"汇聚一厅,是"百年文脉"的专区。三是两大时代标志性丛书,常年专架陈列"汉译学术名著丛书"500余种,集西方思想文化之大成,堪称一个时代的标志。"中华现代学术名著丛书"收录晚清以来海内外华人学者的原创学术名著200余种,全景式呈现了中国学术百年发展脉络和成果,也是传世之作。涵芬楼店是"唯一"设立专架、坚持数年陈列全品种的书店,展示了中国出版界的最高成果。

第四是"新"——创新经营,多元发展。一是响应"全民阅读"号召,为读者免费提供阅读空间。二是创办自己的艺术馆——"涵芬楼艺术馆",2015年就举办各类文化活动近百场,2016年活动已超过100场。三是探索"书店+培训"新模式,尝试跨界经营,开办书法、古琴、沙画培训班,弘扬传统文化。四是举办"涵芬听琴"古琴音乐会——"书店+音乐会"新模式,深受好评,是京城实体书店一大亮点。五是设立文创精品区,拥有以"非遗"产品为首的传统文创系列和时尚文创系列。六是积极承担国家和北京市重点文化任务,如"书香中国"系列活动、"北京十月文学月活动"等。

"涵宇内大智慧,与吾邦共芬芳","数百年旧家无非积德,第一件好事还是读书",悬挂在涵芬楼里的对联和历代商务人的画像、书馆外景的老照片、以往出版的古籍善本,无不散发着深深的人文情怀,让人感受着深厚的文化积淀。

今天的涵芬楼书店,积极贯彻执行习近平总书记关于"大家撸起袖子加油干"的指示,以读者为中心,坚持品质化、特色化的发展之路,承担社会责任和文化担当,代表着一种文化根基和文化理想,已经与王府井书店、首都剧场等一样成为文化地标和社区活动中心。

涵芬楼书店接待了英、法、德、美等国外文化代表团、企业团体来店参观了解中国的书店。每年都有一批批来自中央和地方党政机关和企事业单位代表,北京大学、十一中学、景山中学等大中小学校师生走入涵芬楼参观考察,了解商务印书馆和涵芬楼的历史,感受良好的阅读气氛,培养

读书的爱好。北京四中等学校已经把涵芬楼定为教育实习基地，学生来书店参与实践活动、接受文化知识教育。

涵芬楼已不仅仅是一家书店，更是为读者构建的一座精神家园。

涵芬楼书店与商务印书馆的历史故事：

我们调研组三次到北京的涵芬楼书店调研，热情的张乐天副总经理给我们普及的历史知识，我认为有必要介绍给大家。如果简单地说一句话，就是：涵芬楼是百年老店，历史悠久，文化厚重。曾是亚洲最大的图书馆和中国最重要文化机构的一部分，但不幸于1932年1月29日被日军飞机轰炸，毁于战火。

第二句话：一生一世嗜书、寻书、藏书、编书、出书的张元济先生是现时代实体书店经营者的光辉榜样。

"涵芬楼"书店创始人张元济先生

张元济，字筱斋，号菊生，1867年10月25日出生于名门望族，书香世家。祖籍浙江嘉兴海盐。清末中进士，入翰林院任庶吉士，后在总理事务衙门任章京。1901年，以"辅助教育为己任"，投资商务印书馆，并主持该馆编译工作。1902年任该馆编译所长，1916年任经理，1920年至1926年改任监理，1926年任董事长。1949年被特邀参加中国人民政治协商会议，被选为全国政协委员。后被选为第一届全国人大代表。新中国成立后，张元济担任上海文史馆馆长，继任商务印书馆董事长。著有《校史随笔》等。1959年8月14日在上海逝世。

张元济先生主持商务印书馆期间，组织了大规模的编译所和涵芬楼（后扩建为东方图书馆）藏书，开创了私营出版社设专职专业编辑和图书资料以保证出版物质量的先河，开创了古籍丛书翻刻、影印的新阶段。

张元济一生于我国文化、出版、藏书事业贡献极大。于商务印书馆内特辟"涵芬楼"为藏书处，所积达10余万册之多。1924年名为"东方图书馆"，1926年对外开放。1929年增设儿童图书馆。藏书共达518 000余册，舆图、碑帖5 000余种。宋、元、明、清善本书极多，外国杂志、报纸、图书也极完备，藏书质量和规模居当时全国各地图书馆之首。惜于1932年1月29日被日寇炸毁，仅有500部精品移出得以留存。造成这个几乎垄断中国教育出版，占全国出版量52%的出版巨头损失1630万元，80%以上资产被毁。同时被毁的还有商务印书馆所属的东方图书馆珍藏的45万册图书，其中有很大部分是古籍善本和孤本。时年65岁的张元济深受打击。他唯恐此书散佚，对这些书予以著录。新中国成立后，他请顾廷龙帮助整理付印，名《涵芬楼烬余书录》，并将这批书献给政府，现藏国家图书馆。为纪念张元济对文化、藏书事业的贡献，1987年在海盐建立了"张元济图书馆"。

中国出版第一人——张元济先生

"数百年旧家无非积德，第一件好事还是读书。"这是张元济晚年所写的一副对联。百年中国，许多人都在寻找富强中国的道路，而张元济选择了以出版来推动教育，为中华民族的文明"续命"。嗜书、寻书、藏书、编书、出书，写就了他的一生。他当时认为中国处在帝国主义的包围之中，必须要进行维新，进行改革，而且要普及教育，要办通力学堂，应该引进和学习一些西方先进的东西。光绪皇帝在下诏戊戌变法的第五天，召见张元济。他进言的是兴办新式学堂、培养各种人才和注重翻译。

在张元济的主持下，译书院出版了严复翻译的《原富》。这是英国学者亚当·斯密的著作。在100年后的今天，这本书仍然是经济学的经典著作。当时，张元济看重的是英才的培养。他和蔡元培等很多先贤一样，以培养人才为首要，他们痛感变法维新的失败是没有人才的基础。

所以，张元济在南洋公学期间，创办了南洋公学特班。这个"特班"，按盛宣怀的说法，就是为中国的将来培养"大才"。特班只有一届学生，却出了邵力子、李叔同、谢无量等著名人士。

然而时过三年，张元济却做出了一个令人惊讶的决定：辞去南洋公学的所有职务，加盟商务印书馆。

当年的商务印书馆只是一个手工作坊式的印刷工场，由排字工人夏瑞芳创办。张元济放弃了在南洋公学显赫的地位，到一个弄堂的小厂里，跟一个小业主合作，自觉地把商务印书馆与中国教育的现代性变革连接起来。

与那个时代的很多人一样，张元济把中国的希望寄托于"开启民智"。他认为开启民智要出版好的书，要以"扶助教育为己任"，他用自己的地位和声望为商务与知识界、政界和教育界之间搭建了一座桥梁。

张元济当了商务印书馆编译所的所长,聘请了一批扶助教育和文化建设的有识之士,如蔡元培、高梦旦、杜亚泉、夏曾佑等。他制订了商务所有的出书计划:影印古籍,他要选最好的版本;推介西学,他要找最好的翻译;出版新书,他要用最好的设备、最好的纸张。甚至对书的排版样式也要一再叮咛:书的版框四周空白要宽展一些,"否则紧锁眉头,令人一见烦恼"。还有许许多多的事务,包括书稿他亲自看,有些书他亲自编,外面的联系他亲自出马,甚至买纸张,买印刷机,收古书,他都事必躬亲。

张元济"以扶助教育为己任",连新编教科书课本的方法都很独特,不是一个人单打独斗,而是大家围坐一起,每个人都可以说出想法和主张,倘若是被大家公认为有价值的,则详细讨论。讨论者从儿童启蒙的特点入手,由简入繁、循序渐进。往往因为一个字,大家会争论得面红耳赤。每一个点都要讨论到所有参与者都没有异议为止。每完成一篇课文,大家再轮流阅读,或加润色,或竟改作,相互为之,毫无成见。

1904年,商务版《最新初等小学国文教科书》出版,被全国各地的学堂广泛采用。商务印书馆的发行所挤满了争购的人群。在晚清时,《最新初等小学国文教科书》曾经翻印过三十几次,印刷总量达到一亿册,成为那个时代教科书的范本。

在张元济的擘画下,商务编写了从小学、中学到大学的全套教科书,组织翻译出版大批外国学术和文学名著,其中严复翻译的西学名著和林纾翻译的欧美小说影响尤为广泛。编辑出版中国第一部新式辞书《辞源》,开创了中国现代工具书出版的先河。同时出版发行了《东方杂志》《小说月报》《教育杂志》等刊物。著名作家老舍、巴金、丁玲都是通过《小说月报》走上文坛的。

嗜书如命的文人竟同样善于管理和经营

张元济终日伏案,每天的工作量是100页,每一页都校勘到准确无误为止。直到今天,看过张元济校勘影印件的人,都叹为观止。他这样一个嗜书如命的文人竟同样善于管理和经营,《四部丛刊》初编出版以后,光这套书就赚了100多万。经营上的成功,为他后来能够持续地做这件事情,提供了很大的保障。他以文化人的身份投身实业，实业家的身份又使他力避"务虚"，脚踏实地做好每一件事，他每天总是早到迟退，躬亲细务，平时写张条子，都用裁下的废纸，一个信封也常常反复使用到三四次以上。

张元济"事无巨细""面面俱到"的事务主义工作方式，反映他做事为人执着的一面。

1936年，张元济70岁。由蔡元培、胡适和王云五发起，收录当时二十多位文化界名人学者在各自领域的学术论文，编印了《张菊生先生七十生日纪念论文集》，以此特殊方式为这位出版界前辈祝寿。在"征文启事"中，张元济被朋友们称为是"富于新思想的旧学家，也是能实践新道德的老绅士"。这是对张元济一生思想性格和文化态度的高度概括。趋新而不躁进，温和而不保守。张元济主持商务编译所多年，同样在大力引进新人、擘画出版方针时，注意中西文化的融会贯通，既关注西方文化学术思想的译介，又着力传统典籍的整理，新与旧，中与西，并行不悖地共存于商务印书馆的出版物结构中，从而使商务印书馆别具一种有容乃大的恢宏气度，进而引领了新式出版文化建设的新方向。

涵芬楼书店现在的营业面积有1500平方米，上架图书总计4万余种，排列整齐稳重，主要包括工具书及人文社科类图书，涉及哲学、政治、法律、历史、经济、管理、社会学、地理与旅游、语言学、文学、教育、新闻与传媒、古代典籍、艺术理论和实践等方方面面，是京城工具书最集中、最专业、品种最齐全的书店之一。

我认为，从"涵芬楼"书店的历史沿革和创建的图书销售中心、社区文化中心、学术交流中心和国际交流中心来看，"涵芬楼"书店不愧为读者赞誉的京城第一店。

涵芬楼书店

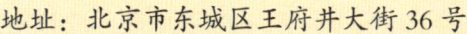

地址：北京市东城区王府井大街36号
电话：010-65595282（门市） 65219278（邮购）
邮编：100710

北京国开书苑
——京城西部大型零售书店

左起：申玉玲、许春宇、李士杰、杨桂卿

  开放大学（原中央广播电视大学）是教育部直属的，以现代信息技术为支撑，学历教育与非学历教育并举，实施远程开放教育的新型高等学校。

  国家开放大学出版传媒集团下属的北京国开书苑图书有限公司（简称国开书苑）成立于2012年11月，作为国家开放大学出版传媒集团对外展示、交流的重要文化窗口，国开书苑立足国家开放大学，面向全校师生及广大社会读者，现已成为京城西部大型零售书店之一。

  国开书苑坐落在国家开放大学南侧，地理位置极佳，却少有人来。五棵松桥沿着路向西，路北有个电梯，下去便是。从五棵松地铁西北口出来路边往下走就到，让人感觉别有洞天。里面书的种类齐全，也有座椅，主要就是安静，可以拿本书安静地看一天，是个陶冶情操的好地方。

书店内部简约时尚的装修风格,舒适宽敞的购书环境,完全摒弃了传统书店拥挤嘈杂的印象,让读者体验到快节奏城市中的慢生活。

书店内部分为三大区域,即图书销售区、文房四宝书画区和书吧。其中,图书销售区全部采用开放的售书方式,分为少儿阅读体验区、经典畅销文学阅读区、人文社科区、中小学教辅区以及远程教育和电大系统教材专供区等,同时,书店开展代订、代购、团购等个性化服务;文房四宝书画区,明净素雅、古色古香,笔墨纸砚做工精细,专区内还特设毛笔现场制作区和书法绘画体验区,并承接毛笔、宣纸个性定制等特色业务;国开书吧内,舒适安静,免费提供无线网络上网服务。安静雅致的环境,细致周到的服务,小资的格调,成为书店周边首选的商务交流、会友小憩的场所。

书店外部,约500平方米的文化休闲广场,古朴静雅的中式风格,无不显示出浓郁的文化气息。简约时尚的内部销售、古朴静雅的户外广场,相得益彰,成为国开书苑举办各类文化交流的重要场所。

2015年"世界读书日",国开书苑携手万寿路街道文化活动中心,走进社区,宣传倡导全民读书,开启"创书香社区,行阅读风尚"的活动。通过前期的宣传,书店有了很多忠实的读者,并建立了会员制度,在对会员数据系统分析的基础上,不断调整图书品种及摆放位置,使书店的图书品种更符合读者的需求。

书店不仅仅是销售图书,它更承载着文明传播、传统文化传承的责任。文房四宝以及书法是中国特有的一种传统艺术,在国开书苑的文房四宝区不但可以欣赏到制作精细的笔墨纸砚,更是可以亲手试

写，让读者身临其境地感受到传统艺术的魅力。为传承中国特有文化艺术，让孩子从小就接触到传统文化，感受艺术魅力，培养孩子良好的道德情操，陶冶性情，书店内开设了儿童书法班，受到了孩子和家长的喜爱。为适应现代实体书店多元化的发展，书店举办多种文化交流活动，例如书法、书画研讨会、国学品读会，儿童绘本主题活动，儿童启蒙英语等活动，得到广大读者的积极参与和好评。

在调研时，国开书苑的杨桂卿总经理对我们说："传统意义上的实体书店，已经不能适应现代社会的发展需要，在网店和电子书的冲击下，实体书店举步维艰。在这种环境下，实体书店必须转变经营思路，建立多元化经营模式，打造以文化及文化周边为基础的新型文化休闲场所。"

她认为，基于国开书苑的发展方向和需要，对现有书店进行升级改造，是"当务之急"。

我深信，升级改造后的国开书苑一定会"名、利"双收！为首都人民多奉献一分力量。

国开书苑

地址：北京市海淀区复兴路75号，国家开放大学办公楼南侧
电话：010-57519393
地铁：1号线"五棵松"站A出口，步行20米

北京百万庄图书大厦
——搭建互动性平台，扩展多样化活动

北京百万庄图书大厦是由机械工业出版社投资建立的一所专业化、现代化的综合性书城，2006年9月26日正式开业，现有图书经营面积5000余平方米，坐落于部委机关、科研机构、知识居民众多的西城区百万庄地区。十年来，凭着百图人坚持不懈的努力，百万庄图书大厦已经显示出一家大型书城的魅力，辐射周边地区，成为京城读者又一处不容错过的"逛书"选择。百万庄图书大厦在楼层布局、图书陈列上也形成了社科文化馆、青春文学馆和科技馆，每个主题馆又以主题陈列、关联陈列和百图荐书榜重点推荐为主线，销售10万多种图书及期刊、音像制品。大厦内建有多媒体设备一应俱全的多功能活动厅200平方米，便于开展沙龙讲座、小型展会、现场签售等活动。为适应移动互联网的快速发展，加快推进传统书店的转型升级，与电商形成差异化的竞争态势，2015年北京百万庄图书大

厦"智慧书城"建设顺利起步,开通了微信服务号、微店、零售POS微信支付,实现了卖场无线网络全覆盖,投放了卖场智能查询终端,初步构建起线上线下一体化的营销模式,进一步提升了读者消费体验。店面内多元经营业态进一步优化,在传统的文教产品基础上引进了"六小龄童·名著国学"主题展馆和中航传媒"飞行·家"航空文化体验馆等青少年国学教育、科普、体验业态。

十年来,北京百万庄图书大厦紧紧围绕"放飞知识,服务读者"的经营理念,积极参与全民阅读推广活动,通过"搭建互动性平台,扩展多样化活动",致力于为广大读者提供最专业优质的服务和购书体验。陆续引进了一起悦读俱乐部、摆渡者讲堂、凤凰新闻客户端等新闻出版机构、媒体、民间读书会平台,累计举办各类读书活动、讲座、论坛近1000场次。2014年北京百万庄图书大厦获评书香中国·北京阅读季"最美阅读空间·书店",2015年、2016年连续获评书香中国·北京阅读"优秀合作机构"。2015年10月百万庄图书大厦成功举办第二届全国民间读书会发展论坛,2016年4月入选西城区阅读推广联盟理事单位。

相关荣誉：

2014年9月荣获"最美阅读空间·书店"称号

2015年10月荣获"第五届书香中国·北京阅读季"优秀合作机构

2016年10月荣获"第六届书香中国·北京阅读季"优秀合作机构

2016年4月入选西城区阅读推广联盟理事单位

2008年、2015年北京市版权局"正版产品销售示范单位"

北京市文资办文化惠民卡特约合作商户

北京市总工会"京卡·互助服务卡"特约服务商户

2011—2014年度 北京市纳税A级企业

2009—2010年度 北京市出版物发行行业诚信企业

2008—2009年度"诚信经营优质服务"发行单位

2006-2009年度 北京市残疾人就业保障金审核征缴"诚信单位"

北京百万庄图书大厦

地址：北京市西城区百万庄大街22号
电话：010-88379645　88379646
地铁：6号线"车公庄西"站C出口，步行1千米
公交：搭乘15路、26路、45路、65路、697路、714路至"百万庄东口"，步行176米。搭乘101电车、73路至"百万庄中街"，步行148米

北京铁道书店
——拥有全国最全的"铁路"图书

调研铁道书店，左起：李士杰、王鑫、刘明清

  北京铁道书店坐落于西南二环金中都公园护城河东、大观园西侧，整体建筑采用中式传统元素设计，与周围环境融为一体，书店隶属于中国铁道出版社，是销售中国铁道出版社本版图书的专业机构。

  我和刘明清、王小英先找到中国铁道出版社，才发现书店及其牌匾就在出版社的院子里。

  刘明清是出版界业内人士，介绍说中国铁道出版社是直属于中国铁路总公司的唯一一家以出版铁道科学技术书刊为主的出版机构，成立于1951

年8月,是新中国最早成立的三家出版社之一。1995年以来连续被国家新闻出版总署评为"全国良好出版社"。

　　65年来,中国铁道出版社以出版轨道交通专业图书为主,出版物涉及科技与文化、学历教程、经济管理、计算机应用、社会生活等领域,共出版图书及音像、电子出版物等3万多种,先后有400多种出版物获中国出版政府奖、中华优秀出版奖、"五个一"工程奖等国家级奖项和多个省部级奖项。

　　走进北京铁道书店,王鑫总经理指着书架上的图书《中国高速铁路》《中国铁路百年老站》以及《铁路技术管理规程·普速铁路部分》《铁路技术管理规程·高速铁路部分》《地铁工程施工技术》《中国铁路地图集》说,书店拥有铁路专业大(中)专教材,铁路职工培训教材,铁路客货运输、机车车辆、工务工程、通信信号等方面的科技图书和铁路各类规章、规范、标准、史志年鉴,全国铁路旅客列车时刻表,国家公务员考试及培训用书,旅游生活类图书,计算机、少儿类图书和经济管理类图书。

　　面对另一个书架上中国铁道出版社出版的《老北京那些小吃》《老北

京城特色书店
国有书店篇

京那些玩意儿》《老北京那些坊间趣闻》《老北京那些胡同儿》，王总说："书店是中国铁道出版社为铁道部机关及全路200多万职工提供优质服务、反馈市场信息的窗口"。她说书店以"服务至上、信誉第一"为宗旨，本着

"一切服务于您"的理念竭诚为读者服务。

  店内现上架图书7000余种，近30万册。图书货架按照"运输经济""机车车辆""工务工程""通信信号""建筑""教材""规章规范""行业标准""工具书""旅游生活""经管励志""计算机图书""其他"分类标识摆放图书，方便读者挑选购买。针对特色图书、读者关注的社会热点等，店内特设专题书架、特色书架，比如"京味文化书架""绿色印刷书架""畅销书展架"等等，书店定期调整、新增专题书展架、给经常来店的读者带来耳目一新的感觉。

  书店同时还承担着中国铁道出版社读者服务部的职能，为全国铁路、建筑、轨道交通行业提供培训、技术等专业图书、音像制品及电子出版物、轨道交通类图书品种齐全、库存充足。书店拥有全国最全的"铁路"图书，其中既有适合专业人员学习工作使用的铁路、建筑、轨道交通图书，也有专门供铁路、建筑、轨道交通爱好者阅读的行业周边图书、画册、双语词典、车模等，每年都有大批外国读者慕名专程来书店购书，是铁路专业读者和铁道爱好者购书的首选之地。

  店内环境整洁，宽敞明亮，有专供读者使用的阅读区和休息区。休息区旁设有办公文具、美术用品销售展架，近500种商品供读者挑选购买。

  我们都感慨铁道书店和铁道出版社的专业性，敬佩他们拥有一批朝气蓬勃、踏实肯干又非常具有亲和力的优秀的年轻员工。

  总经理王鑫在送我们出了书店的大门，并在中国铁道出版社牌匾下合影留念后说，欢迎我们再来购书！

  我们一定会再来！

北京铁道书店

地址：北京市西城区右安门西街8号（中国铁道出版社院内）

电话：010-51843079（传真） 51873174

公交：搭乘5路、49路、63路、83路、122路、351路、381路、410路、423路、456路、676路、697路、717路至"菜户营桥东"站，搭乘59路、63路、84路、122路、458路、474路、717路、特12内、特3路、运通102线至"大观园"站

营业时间：工作日 8:00-17:00，法定假日休息

北京三联韬奋书店
——全国首家不打烊书店

北京三联韬奋书店有限公司简称三联韬奋书店。

韬奋是新闻记者、政论家、出版家邹韬奋先生在主编《生活》周刊时所用的笔名。他曾对好友说:"韬是韬光养晦的韬,奋是奋斗的奋。一面要韬光养晦,一面要奋斗。"他之所以选用这个笔名,意在自勉延志。

邹韬奋(1895年11月5日—1944年7月24日),江西省鹰潭市余江县人,1922年在黄炎培等创办的中华职业教育社任编辑部主任,开始从事教育和编辑工作。1926年接任生活周刊主编,以犀利之笔,力主正义舆论,抨击黑暗势力。因此他被大家评为一百位为新中国成立做出突出贡献的英雄模范之一。

"九一八"事变后,邹韬奋坚决反对国民党政府的不抵抗政策,他主

编的《生活》周刊以反内战和团结抗敌御侮为根本目标,成为国内媒体抗日救国的一面旗帜。1932年7月成立生活书店,任总经理。生活书店成立后,团结了一大批进步的作者,短短几年,使其在全国各地的分支机构扩展到了56家,先后出版了数十种进步刊物,以及包括马克思主义译著在内的1000余种图书。

北京三联韬奋书店有限公司是生活·读书·新知三联书店的全资子公司,是1996年8月创建成立的大型文化企业,是具有八十多年历史的三联书店在新的历史时期向读者展示的一扇窗口,在社会上有较大影响。

书店地处王府井金街北端,毗邻隆福寺和中国美术馆,有着鲜明的文化个性,贴近生活,贴近时代,不仅是图书的交易场所,也是信息、知识、文化交流的场所。多年以来,书店秉持"竭诚为读者服务"的宗旨,坚持经营上追求细致,品种严格讲究,以独特的营销方式制造"新闻",不断创造社会及经济的双重效益,在行业中形成特有的、充满文化意义的品格特色。

目前书店营业面积1400平方米,经营品种包括来自全国数百家出版

社近8万种图书，涵盖文学、艺术、历史、哲学、经济、政治、传记、文化阅读、旅游、收藏、生活、童书等类别；100余种期刊；音像制品；创意杂货等产品。

书店自开办以来，曾一度成为全国书店的样板店，成为北京地区著名的文化地标。

随着人们阅读习惯的逐渐改变和电子商务对传统零售行业造成的冲击和影响，三联韬奋书店一度面临窘境。

2010年8月，书店利用集团改制的契机，书店进行了一系列改革，扭转了书店发展的颓势。

2011年度，书店被评为"诚信企业"。2012年底，书店被授予2010—2012年度北京市新闻出版工作"先进集体"。2013年度，书店被中国书刊发行业协会授予"出版物发行企业文明店堂"称号。2013年12月，国家出台新政策，免掉书店13%的增值税，鼓舞了书店。

李克强赞三联韬奋书店不打烊

2014年1月17日下午，李克强在中南海主持召开座谈会，听取教育、科技、文化等代表对政府工作报告（征求意见稿）的意见和建议。时任三联书店总经理樊希安提出的第一条建议，就是应深入持久地在全国倡导全民阅读活动。

这一建议最终体现在政府工作报告中。报告提出，要倡导全民阅读。

樊希安认为，社会发展至今已呈现出越来越多元化的特点，人们不再按照统一的时间上下班，出现了许多自由职业者，"昼伏夜出"的人增多，咖啡馆、酒吧、影院、夜总会等吸引着喜欢夜生活的人们，而爱书的读者也需要一家不打烊的"深夜书房"。

　　2014年4月8日晚，书店践行韬奋先生倡导的"竭诚为读者服务"的宗旨，正式开启"不打烊书店"。在原有书店基础上完善了以下几个方面措施：

　　（一）调整布局，提高读者体验的舒适度。

　　根据夜读的特点，进行布局调整。在一层临窗区域及地下一层前、后场开辟空间，适当放置15张阅读桌、30把阅读椅和15台阅读灯，打造"深夜书房"，打造"我的午夜图书馆"。

　　书店投入近100万元资金，改造店内空调，增加夜间保暖设备、设施。提供座椅、保暖垫，提升读者舒适度。同时书店增加陈列平台，给读者提供更好的阅读和选书的环境。

　　（二）丰富夜间销售方式，吸引读者晚间进店体验。

　　通过买赠、换购、返券、折扣等多种形式，吸引读者进店；通过组织专题、主题推荐等营销亮点使读者体验在实体书店购书的乐趣。

　　（三）组织、举办各类文化活动。

　　书店不仅仅是图书销售的场所，也是人们文化生活的重要组成部分。24小时书店，不仅为读者营造免费的阅读环境，更为深夜到访的读者提供持续的、高质量的、富有特色的阅读体验。书店举办的文化活动将好书、名社、知名作家与读者之间紧密联系，吸引读者走进来、品味书香，免费体验、免费阅读、与作家零距离接触。这是网络购书不能提供的与作家接触的机会，让实体书店消费体验回归读者身边。

2014年4月18日，樊希安致信李克强总理，介绍书店创办北京首家24小时书店的情况。信寄出之后的第四天下午，樊希安接到李克强的回信。李克强在信中指出："获知你们于近日创建24小时不打烊书店，为读者提供'深夜书房'，这很有创意，是对'全民阅读'的生动践行，喻示在快速变革的时代仍需一种内在的定力和沉静的品格。阅读能使人常思常新。好读书，读好书，既可提升个人能力、眼界及综合素质，也会潜移默化影响一个人的文明素养，使人保持宁静致远的心境，砥砺奋发有为的情怀。

"读书不仅事关个人修为，国民的整体阅读水准，也会持久影响到整个社会的道德水平。希望你们把24小时不打烊书店打造成为城市的精神地标，让不眠灯光陪护守夜读者潜心前行，引领手不释卷蔚然成风，让更多的人从知识中汲取力量。"

李克强总理的赞誉极大地鼓舞了全店职工。

北京市举办的"书香中国·第四届北京阅读季"评选中，北京三联韬奋书店获得"最美阅读空间·书店"荣誉。在"第五届北京阅读季""第六届北京阅读季"评选中，书店连续两年被评为优秀合作机构。2015年1月，中国图书商报和法兰克福书展联合举办的"中国创意工业创新奖的"评选中，书店荣获"新营销金奖"。2016年3月，书店入围2016年伦敦书展发布的"国际卓越奖"复选名单。

我们大家对三联书店获得各项荣誉表示祝贺。三联书店的曾伊宾副总经理希望我们能在夜间光临书店。我们都表示感谢！

北京三联韬奋书店

地址：北京市东城区美术馆东街22号
电话：010-64001122　010-64001122转3061

北京知不足书店
——北京出版集团阅读体验中心

　　北京知不足书店（北京出版集团阅读体验中心）是北京出版集团有限责任公司所属的全资子公司（全民所有制单位），成立于1997年4月23日。其前身是北京出版集团读者服务部，后发展成为区域型综合书店。

　　知不足书店过去一直以小而全为经营目标，特色不显著，2016年，书店经过全面升级改造，成为北京出版集团阅读体验中心。充分利用北京出版集团以及十月文学院、北京少年儿童出版社等出版品牌的资源优势，以图书为主题，开展文化培训、文化旅游、文化创意产品开发等产业融合项目，探索走出一条多元化、可持续发展的新路。

　　在文化培训方面，书店重点开展"儿童阅读能力培养班"的工作。依托集团和北京少年儿童出版社雄厚的出版资源、作者资源、编辑资源和图书资源,培养学生阅读兴趣和鉴赏能力,引导孩子爱上阅读、爱上写作。

京版集团是北京市最大的综合性出版机构,拥有8家出版社、5家杂志社和14家子公司,培育出北京出版社、北京十月文艺出版社、北京少年儿童出版社、北京美术摄影出版社、北京教育出版社《十月》《父母必读》《少年科学画报》等知名出版品牌,积累了丰富的作者资源形成了庞大的读者群体,在我国出版行业具有广泛的文化影响力。

北京少年儿童出版社是北京市唯一的专业少儿社,集聚了曹文轩、沈石溪、梅子涵、伍美珍、郁雨君、秦文君、商晓娜等国内优秀儿童文学作家,以及王渝生、李竞、位梦华、徐德诗、郭耕等国内一流科学家和科普作家,推出了一大批深受小读者喜爱的少儿读物。同时,依托丰富的作家和专家资源,在全国各地广泛开展文学家、科学家进校园等品牌读书活动,赢得社会的广泛赞誉。为书店开展丰富多彩的儿童阅读能力培养活动奠定了坚实的基础。

为满足广大读者的需求,为读者提供更优质更完善的服务,书店将升级改造成时尚的、有内涵、有文章和有故事的特色书店。此外书店还承载着集团文化宣传窗口功能:

一、京版集团图书的展示(《大家小书》《可怕的科学》《平凡的世

界》等）；

二、中小学教材的补换功能，为需要教科书、丢失和损坏教材的读者提供服务；

三、市场畅销图书收集陈列，包括文艺、社科、生活、历史、少儿等全新品种；

四、添置了功能区——咖啡吧，咖啡味道醇厚，读者在这里可以看到咖啡制作的全过程，并参加咖啡制作的培训课程；

五、增设休闲区，保证充足的面积，精装细作优雅的休闲区，读者可以在这里看书品茗，举行研讨会等诸多活动；

六、开发文创产品，提供有文化、有创意、高品位的文化创意产品，满足市场高标准，高档次的读者需求。

除了参与各大书展，北京知不足书店还致力于各项公益事业，积极响应市政府的文化惠民工程，建设市民文化生活。

公益赠书

2008年，知不足书店向朝阳教委所管辖的农民工子弟学校捐赠课外读物1万多册。2011年，书店代表北京出版集团参与"北京联合大学庆祝第27个教师节暨表彰大会"，向教师捐赠图书530册。2015年，书店协助北京出版集团策划并参与"带本书，给需要帮助的孩子们"公益活动，作为线下唯一活动场所，知不足书店不仅提供了场地和服务，

还为山区的孩子捐赠图书千余册。

公益讲座活动

知不足书店经常性地配合北京出版集团各大事业部，开展公益性讲座活动，如常态性活动"京版集团健康专家宣讲团"，聘请医学、健身专家，深入社区，为广大市民尤其是中老年人，公益讲授健康健身知识。

北京文惠卡特约加盟商户

北京文惠卡是政府、企业、百姓聚力打造的首都文化消费"新名片"，是北京市政府实施文化惠民战略的一项重大举措，为北京市民的文化消费

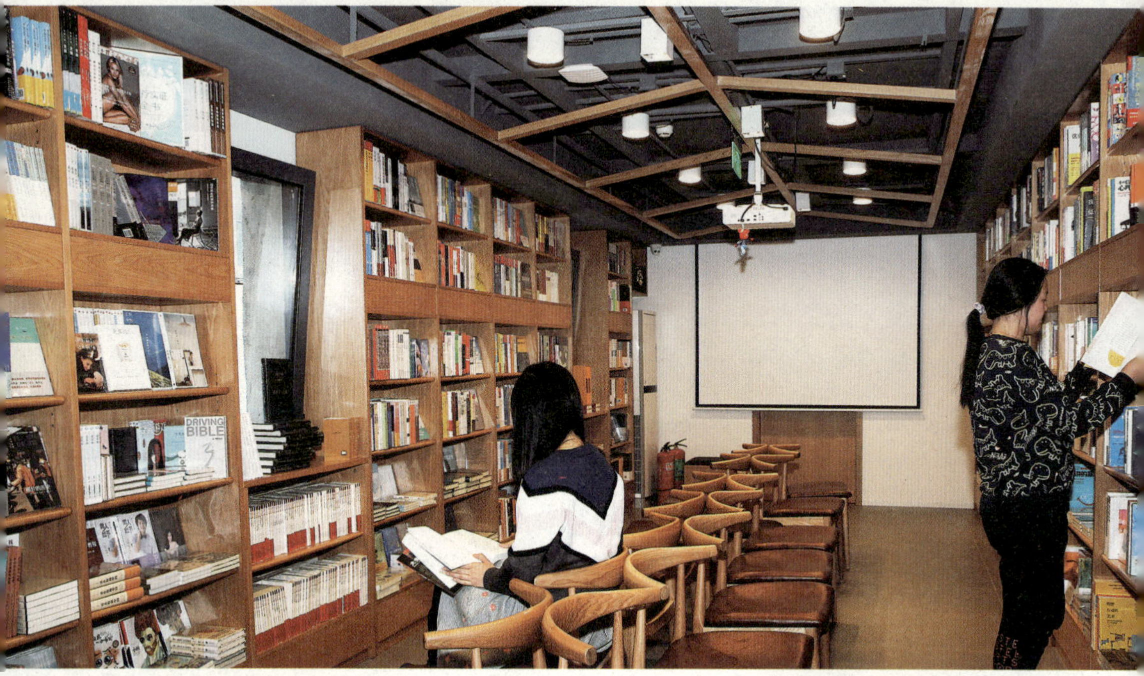

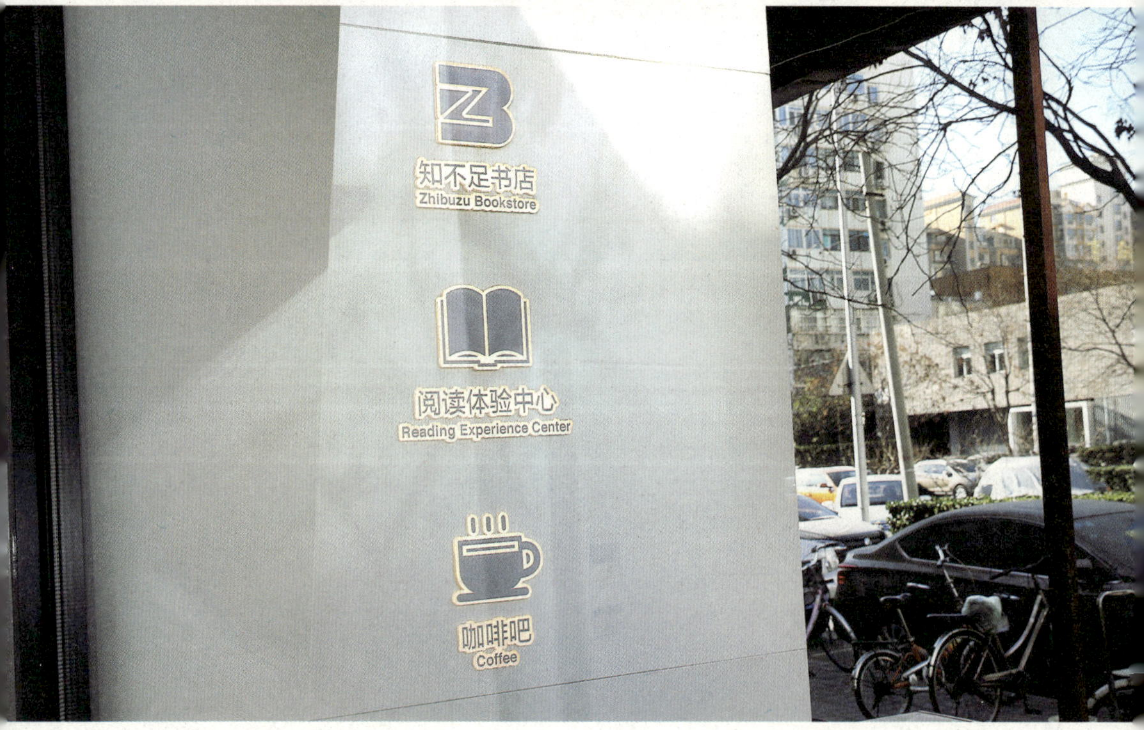
知不足书店
Zhibuzu Bookstore
阅读体验中心
Reading Experience Center
咖啡吧
Coffee

带来便捷和实惠。北京知不足书店在第一时间就成了北京文惠卡的特约加盟商户，持文惠卡的市民到书店可以享受8.5折的优惠价格。

微信图书资讯服务

北京知不足书店以微信订阅号"伦洋书友会"作为书店经营者与读者互动的窗口，每周向读者推荐图书并举办阅读相关活动，推荐图书包括符合社会主义核心价值观的经典获奖文学作品、优秀生活类新书、美术摄影类图书等。读者订阅微信公众号之后，每周都会收到新鲜的图书资讯和推荐，还能够通过图书推荐下方的网购地址进行优惠购书，足不出户就能够知晓并购买到精品好书。

新故相推，日生不滞。继承创新，撸袖而为！

2017年，北京知不足书店将继续弘扬主旋律，发挥文化服务的社会效益功能，坚持在常态性外出售书地点进行展销活动，同时还要扩大这种便民活动的覆盖面，将重点放在房山、大兴、密云等远郊区县，开展图书进校园等活动；联合妇联等团体及企事业单位，提供团体定制配书服务；为儿童福利中心、希望工程等慈善机构和贫困地区的特殊人群予以支持、帮助，捐赠图书并提供服务。

北京知不足书店

北京知不足书店（总店）
地址：北京市西城区北三环中路6号
电话：010-58572386

北京知不足书店知相知（分店）
地址：北京市海淀区西大街36号昊海楼104号
电话：010-62534711

健康书苑
地址：北京市西城区前门外大栅栏24号同仁堂药店内
电话：15010676930

青少年阅读体验大世界

——国内规模最大、品种最全、专业性最强的青少年主题书店和阅读推广基地

青少年阅读体验大世界（书店名称）简称大世界，是中国少年儿童新闻出版总社投资兴建，由其全资子公司中少成长文化发展（北京）有限责任公司运营的目前国内规模最大、品种最全、专业性最强的青少年主题书店和阅读推广基地。

是新时期儿童阅读促进的样板间，总面积近5000平方米，经营60000余种青少年图书、杂志、音像制品、益智玩具、电子产品、创意礼品，为孩子提供全方位阅读解决方案。同时，读书会、音乐会、儿童剧、奇妙夜、童年集市、名人讲座、聚会沙龙、美术展览、艺术实验、烘焙DIY、科技体验、社会大课堂等各种"新奇特"的活动穿插于大世界，共同营造出魅力无限的儿童文化景观。

左起：姜艳、李士杰、王小英、何光宇

　　开业以来，大世界多次承办和策划了全国性的大型儿童阅读体验活动，包括团中央主办的"表彰全国优秀少先队员、辅导员、集体"系列阅读体验活动、团中央动漫《号角》首映式、全国百名辅导员的参观活动、国家新闻出版广电总局主办的"向全国青少年推荐百种优秀图书活动新闻发布会暨出版座谈会"、中国文化扶贫委员会与中国少年儿童新闻出版总社联合主办的"书香体验之旅暨爱心赠书仪式"系列活动、中国少年儿童新闻出版总社主办的邀请各界名师讲演的"中少大讲堂"活动、每年最热闹的儿童节和圣诞节的大型儿童活动及各类社会公益活动等。

　　大世界先后获得中华全国妇女联合会、国家新闻出版广电总局、中国书刊发行业协会、北京市教委、北京市校外教育协会、北京市新闻出版局多家政府及新闻机构颁发的十余项荣誉及认证，例如2011年中国书业年度评选·年度阅读推广机构、2012年"弘扬主旋律、喜迎十八大"北京市千场优秀出版物展节先进集体、2013年全国维护妇女儿童权益先进集体、2014年第九届北京阳光少年活动优秀组织奖、2014年北京市三八红旗集体、2015年第五届书香中国·北京阅读季优秀合作机构奖、2015年出版物发行行业文明店堂、2016年全国三八红旗集体、全国少儿报刊阅读基地北京市家庭教育实践基地、北京市中小学生社会大课堂资源单位和北京校外教育协会会员单位等，取得了良好的社会效益。

中宣部、教育部、文化部、国家新闻出版广电总局、全国妇联、团中央等政府机关的主管领导同志多次来大世界视察指导。国家副主席李源潮、团中央书记处第一书记秦宜智、书记处书记罗梅等诸多领导都曾莅临大世界，听取大世界的建设思路并做出重要批示。国际儿童读物联盟（IBBY）主席莱泽·卡鲁丁先生和前主席帕奇·亚当那先后到访大世界，对大世界的阅读推广工作给予充分肯定。

中央电视台、中国作家协会、北京电视台的同仁们纷纷为大世界的发展献计献策。中央电视台新闻联播节目主持人海霞和郎永淳及少儿频道主持人鞠萍姐姐和金龟子也时常参与到小读者们的阅读互动活动之中，受到了孩子及家长们的广泛好评。北京电视台《书香北京》栏目也经常在大世界举办形式多样的阅读活动，很多主持人亲自为孩子们做阅读的分享与指导。同时，北京市众多幼儿园及中小学也纷纷同大世界建立联系，共同成立了早期阅读推广实践基地、阅读体验实践基地和校外阅读活动基地，积极为儿童阅读推广事业的发展出力献策。

儿童阅读推广是个伟大而神圣的事业。

大世界书店卖场副经理姜艳说："大世界始终将社会效益与经济效益相统一，现在受到网店的影响，实体书店的经济收入下降，就要找到一条适合自身的、风格独特的儿童阅读推广之路。"

我们大家认为，经历了几年的经营，大世界书店背靠团中央，依托中少总社，聚合优质社会资源，积极开拓创新，已经摸索出一条适合自身的、风格独特的儿童阅读推广之路。相信大世界书店一定会取得更大的社会效益与经济效益。

青少年阅读体验大世界

地址：北京市朝阳区建国门外大街丙12号宝钢大厦三至四层
电话：010-57526737　57526738
地铁：1号线"永安里"站A、C出口，步行370米
公交：1路、43路、9路、668路、673路、1路、99路、126路
　　　"永安里路口西"站下车，步行100米

中关村图书大厦
——作者签售 12600 册，创全国图书单店单日单本销售纪录

北京中关村图书大厦（下称大厦）是由北京市新华书店连锁有限责任公司投资并控股的股份制企业，注册资本 2580 万元。大厦坐落在享有"中国硅谷"美誉的中关村地区，是一家以科教为主营方向的大型现代化书城。

大厦成立于 2003 年 11 月，营业面积近万平方米，经营各类图书、音像制品和电子出版物 30 万余种，年销售额近 2 亿。大厦毗邻清华大学、北京大学、中国人民大学等数十所国内高等知名学府，周边科研机构和高新技术企业林立。

大厦在经营上一直本着"为教育服务、为科研服务、为高新技术产业服务"的宗旨，引读者求知、助学者立说、促出版兴业、扬科教之帆；在图书品种上着力突出"高、精、尖、专、新、特"的特点，最大限度地满足专家、学者以及广大学子的购书需求，被形象地誉为"百万学子大书房"。13 年来，大厦已接待海淀地区学校、科研单位和 IT 企业人员几千万人次。

大厦以服务铸品牌，拥有一支高素质、高学历的员工队伍，营业员全部为大专以上学历，大部分员工都熟练掌握一门外语，主动服务意识强，被读者赞誉为"空姐式服务"。十余年发展，大厦也在不断提升服务空间，人性化服务成为每一位工作人员的行动准则，"专家式营业员"更可为读

者提供专业领域内的"量身定做"服务，专业知识与服务读者相融合，发挥了巨大的专业服务特色，让读者享有"家庭书房"的温馨。

大厦每年举办一届学术著作节与科技著作节，讲座、展示展销、互动活动陆续推出，为广大读者与专家院士、社会名人及前沿科学文化近距离接触构建平台。2006年11月26日于丹在中关村图书大厦为《〈论语〉心得》签名销售12600余册，创造了国内图书单店单日单本销售纪录。

"院士讲堂""博雅论坛""人文社会科学普及大讲堂"已打造成了常态化阅读品牌活动，2012年荣获了"全国人文社科普及基地"称号。

大厦为了更好地服务购书团体，设有团购服务部。服务部实施"走出去,请进来,服务好"的经营战略,可为购书团体实行送书上门服务。同时，根据图书馆的需求，团购服务部还可为图书馆提供图书上架、制作MARC数据、贴磁条、贴条码、盖馆藏章等服务。

随着图书发行市场和读者需求方式的改变，大厦推出了实体书店、网上书店、电话购书一体化的营销新举措。网上书店依靠门市品种的支撑，很多专业类、学术性强的图书在这里都能买到，深得读者的信赖。网上书店陆续开通了当当网、亚马逊、京东等多样网络销售渠道，把市场从有限拓展到无限，网络经营规模每年都大幅度上升。大厦开通了专门的电话购书热线，读者电话购书也很方便。

  2015年,大厦店堂陈列设备全部更换一新。2016年,进行经营布局调整,引进创意产品,加大多元化经营。同年,智慧书城同步上线,前期卖场无线网络覆盖、微信公众号、多样化的支付手段已实现,更加贴近现代人消费需求。近两年,精品展示阅读区、儿童互动专区、读者体验区等功能区域将陆续建成,同时配备一套完备的信息化服务平台系统,书友活动、电子阅读、微商城、手机端App等多样化内容将全部实现,大大提升读者的购书体验。

  大厦一路走来,以"创新、求实、严格、缜密、精简、高效"为企业精神,始终致力于宣传先进文化的前进方向,传播人类文明的最新成果,努力打造成以图书为核心,集阅读学习、展示交流、创意生活于一体的现代化大书城,成为推进全民阅读,积极传播社会主义核心价值观、引领社会风尚的主阵地,为弘扬中华民族文化做出不懈的努力。

北京中关村图书大厦

地址:北京市海淀区北四环西路68号
电话:010-82676696　82676697
邮编:100080

北京外研书店
——外语学习者心中的"圣地"

　　外研书店是高校文化的一道风景，也是北外文化的一个注解，希望北京外研书店能够成为海淀、北京乃至国际的文化地标。北京外研书店要保持外研精神，宣传外研品牌，做外研精神的先锋队，做外研品牌的宣传队，以最饱满的状态、最优质的服务回馈那些支持帮助我们的读者朋友们。

——外语教学与研究出版社社长　蔡剑峰

京城特色书店
国有书店篇

北京外研书店成立于1993年8月,是北京外国语大学主管,外语教学与研究出版社和北京外语音像出版社联合主办的窗口书店,是外语教学与研究出版社有限责任公司下属的全资子公司。书店依托北外、外研社的外语资源,经过二十多年的发展,已经成为广大外语学习者心中的"圣地",形成了"在外研书店没有您找不到的外语书"的权威口碑。

用外研精神打造京西文化地标——是外研书店全体员工的奋斗目标。书店二层保持了原有的外语专业书店特色,大部分图书都是语言学习书籍,分为英语和其他语言两大类。其中,英语书目又根据不同的人群,划分为少儿英语,阶梯英语,四六级、出国考试英语,职称英语等等。

在另一侧,摆放着其他语种的书籍,除了法、德、俄、日等语言的词典、教材,还有很多小语种,如缅甸语、斯瓦希里语、梵语等。随手翻开一本《老挝语教程》,里面画符一般的文字让人感觉如读天书。不少人到这里,都是为了挑选正版进口书籍,很多人是慕名而来。这里的书目很全、种类很丰富。

  外研书店随着业务的增加和扩大,一是在保持原有的外语特色之外,增加了一楼的人文社科区;二是扩大了原来的儿童图书品种和范围,新增了儿童阅读区;三是新增了咖啡和甜点区,供读者休闲和举办文化沙龙;四是增加了许多的文化创意产品。

  2016年9月10日,外研书店重装开业后整合了外研社和北外的优质资源,把教师培训、重要的外事活动引入到书店,举办了有特色和品质的文化活动。开展了三类主题活动:一是流动书店,书店每年都将围绕外研社暑期教师培训,举办现场售书活动,"流动的外研书店将成为一道独特的风景线",还将把更多的外地老师引到书店来;二是名家讲座,通过邀请艾恺、戴锦华等中外名家举办文化讲座,提升书店的公共文化属性;三是举办诗会,书店联合北京新媒体集团"北京时间",连续举办了两届"致系列"主题诗会,形成一定的品牌知名度。

  外研书店是富有外语特色的阅读文化体验中心。书店总经理助理付帅告诉我们:"在这里,读者将会接触到更多的,多元化的文化产品,聆听

到各国学者的精彩讲座,与家庭成员一起分享阅读带来的乐趣"。

我作为参加对外研书店实地调研的人,可以肯定告诉广大读者:外研书店是个好地方。外研书店必将成为京西的又一文化地标。

> ❝ 读书是滋养生命和心灵的最好营养 ❞

外研书店

地址:北京市海淀区西三环北路19号北外国际大厦
电话:010-88819915
微信公众号:北京外研书店2016

五环书吧
——搭建体育与健康交流共享平台

  中体图（北京）文化发展中心是国有独资文化企业，实体书店原名为"五环书城"，成立于1994年，原属于人民体育出版社读者服务部，2013年变更为"五环书吧"。

  人民体育出版社成立于1954年1月，由国家体育总局主管，是我国唯一一家国家级的体育专业出版机构。对中国体育运动向世界体坛高峰攀登起了巨大的推动作用，为中国体育教育事业的蓬勃发展，中华民族传统体育文化在国内外的传播和推广做出了巨大的贡献。

  从1990年至今，已对外输出图书版权514种，引进图书版权167种，主要贸易对象包括美国、日本、韩国、德国、英国以及台湾地区等。其中在2004年，出版社输出图书版权42件，引进图书版权18件。

中国的武术、气功和传统健身方法,是中国传统文化的重要组成部分,在世界上受到广泛的欢迎。作为体育专业出版社,积极地向海外推介中国的传统文化,是其责任和义务,也是该社开展版权贸易的独特优势。为了能够使更多的图书进入到海外市场,出版社从图书选题、内容编排等方面对适合海外市场的图书进行策划,同时,根据合作对象的不同特点,有针对性地对外推荐图书版权。

"五环书吧"主要出售的图书有:

一、宣传国家体育工作的方针、路线、政策方面的图书。

二、介绍体育运动知识和锻炼方法、推广运动训练经验和体育成果的图书。

三、介绍体育工作方法、介绍武术、气功等民族体育遗产、介绍国外体育先进技术方面的图书。

四、出版各体育院校教材和大、中、小学体育教学参考书。

五、运动竞赛规格和裁判法,以及向国外宣传介绍我国体育运动的书和介绍世界著名运动员事迹的书籍。

六、体育文艺、美术作品、体育年鉴及专业工具书和《体育科技》《体育译文》《足球世界》《田径》等杂志丛刊。

"五环书吧"依托国家体育总局及中国体育报业总社、人民体育出版社,坚持图书零售并围绕图书开展多元化经营,为大众提供体育与健康图书服务并积极参与街道文化建设,为居民提供文化便利。

"五环书吧"一直坚持图书零售为主,一直多元化改革,走专业精品书店道路,被国家及北京市媒体广泛报道。

"五环书吧"历经二十多年发展,而且依托国家体育总局、中国体育报业总社,拥有良好的出版物资源。因此,中体图(北京)文化发展中心计划在龙潭湖体育产业园筹集集网络、图书、健康大讲堂、简餐为一体的中型书吧。

"五环书吧"根据人民体育出版社出版的春夏秋冬各季运动项目系列图书,在书吧开展专家讲座、读者与作家见面会等等的活动。同时开展了科学健身大讲堂(健身方式、营养保健和损伤康复)三大主体板块的读书

讲座活动。由国家运动队队医、营养师和康复专家主讲,对北京市全体市民、居民免费开放。

"五环书吧"积极推进线上平台建设及推广组建微信公众号等,利用体育总局资源,围绕书吧搭建体育与健康交流共享平台。

"五环书吧"引入社会资本参与实体书店多元化经营,将"科学健身大讲堂"作为重点品牌的成功经验复制到京城之外的石家庄市,尝试在其他地域建立"五环书吧",将"图书—运动健身—损伤康复"主题与多元化经营相结合的书吧模式。

目前内部装修,升级改造工作预计在2017年3月底前完成。届时,"五环书吧"将与新的面貌迎接八方顾客的光临。

五环书吧

地址:北京市东城区体育馆路甲8号
电话:010-67138489
邮编:100061

中国新闻书店
——"国"字号大型新闻专业书店

由著名记者、新华社原社长穆青题写的店名——中国新闻书店，成立于1984年，是全国为数不多的"国"字号大型新闻专业书店。地址就在新华社的附近。

中国新闻书店是关心时政的爱书人的好去处，它的主管单位是新华社和新华出版社。

新华社是国际上享有盛誉的新闻通讯社，这自然使人联想到中国新闻书店拥有难以想象的资源优势，而新华出版社出版的时事政治书籍和

国际人物传记一直都是各界的抢手货。因此这间位于宣武门西大街上营业面积仅200平方米的小书店绝不像它的外表那样毫不起眼。

新华出版社始建于1979年，是新华社主管的以出版社科图书为主的综合性大型中央级出版社，主要编辑出版新闻、时政、国际、经济、文教类图书，画册、图片、挂历等艺术类图书和内部参考图书。受国务院办公厅的委托，还编辑出版国家级的中英文版《中华人民共和国年鉴》；出版发行《人居》期刊，编印具有权威性的政府机构名录和国内外工商企业名录。

建社37年来，新华出版社共出书万余种，发行一亿九千多万册，多

种图书获得国家、地方和行业性图书奖。其中《中南海珍藏书画集》获第六届中国图书奖,《现场短新闻》《中国当代新闻事业史》等书获全国图书金钥匙奖、全国高等院校优秀教材一等奖,《党的建设若干问题的理论与实践》获第六届全国优秀党建读物奖,《少年美术入门系列》获第八届冰心儿童图书奖,《中国省市区经济地理丛书》(31卷)获全国首届优秀地理图书奖,《中华人民共和国年鉴》获年鉴类图书评比特等奖。

近年来,新华出版社抓住机遇,深化改革,奋力开拓,加快发展,先后推出"影响世界的著名文献""阿尔文—托夫勒未来学丛书""世界大企业家传记""哈佛精品文库""国际问题参考译丛""国际热点报告文丛""中华职业道德教育丛书""市场经济法律丛书""新闻入门丛书"等重头图书,受到广大读者欢迎和好评。

新华出版社积极开拓图书出版领域,在保持、丰富"国际问题参考译丛""聚焦中美关系丛书""苏联东欧问题译丛""环球军事望""哈佛精品文丛""新闻入门丛书""新华新闻传播书系""西方新闻传播经典文库"等特色书、系列书的同时,又组织策划了"新中国记者亲历丛书""新中国外交亲历丛书""常青藤译丛""家教系列""金蔷薇散文名家新作文库""国学大师文丛"等比较贴近生活、贴近读者的系列图书。

近年来推出的影响广泛、主题重大的精品图书主要有:新华社总编室编辑《信心与希望:温家宝总理访谈实录》(2010年3月版),大型宣展图片《高举旗帜,科学发展——中国共产党第十七次全国代表大会》《伟大

的历史进程——改革开放三十年巡礼》，李鹏同志继核电、人大、经济日记之后的新作《和平·发展·合作——李鹏外事日记》，姜春云同志的《桥和船——新时期领导方法》《偿还生态欠债》，田纪云同志的《改革开放的伟大实践》。时事政治类图书推出《历史的情怀——毛泽东生活记事》《邓小平的最后20年》《货币霸权战争》《大国悲剧》。经管类畅销书《细节决定成败》《关键在于落实》《诚信决定存亡》《中国汶川抗震救灾纪实》《用新闻拯救生命》《生命壮歌》《分享光荣与梦想》《奥运圣火 全球传递》等颇具社会影响的纪实力作。

中国新闻书店成立三十多年来，一直为爱书人提供着热忱的服务，在新闻媒体人群中享有相当的声誉。

中国新闻书店一直注重提供高品质的图书，尤其是新闻、时政、哲学、历史、军事和人物传记等题材，在书店里常销常新。在此，读者能以打折的价格，淘到各种市面上早已断货、网上被炒到价格翻番的重量级好书，而且品相完好，绝对正版，大有"踏破铁鞋无觅处"之感。

近年来，中国新闻书店随着整个实体书店行业一同遭遇到了巨大的挑战，承受着巨大的经营压力。

从2013年开始，书店开展多元经营，从之前单纯的销售新闻传播类图书，适当延伸到以"新传为主，兼及人文社科"的内容战略，逐渐扩展到满足新闻媒体从业者阅读需求的市场化书店；先后在淘宝网、天猫商城和孔夫子旧书网上开设了同名网店，拓展网络销售，以崭新的面貌与网络读者见面；同时，书店拓展阅读服务空间，营造全民阅读氛围，以优秀的创意策划、良好的现场服务，开展读者见面会、读书会、公益性讲座、文化沙龙、作品研讨等活动，得到了广大顾客的一致肯定。在"全民阅读"浪潮中，中国新闻书店除在新华社大院每月展开图书展销外，先后走进媒体、走进校园，在人民日报社、人民大学、北京师范大学、首都师范大学、十八里店小学等地举办图书展销和阅读分享活动，并且主办或者承办了《大家：40位文化名人访谈录》《平凡的世界》《参与感》《小王子》《阅读与成长》等座谈讨论活动。

中国新闻书店的张程总经理说："促进读者年轻化，让更多孩子从小养成读书的习惯，同时也为书店发展带来大量新鲜血液。希望集广大爱书人的群策群力，整体提升自身服务质量。"

我们认为，中国新闻书店紧跟时代步伐，一定能成为北京一家朝气蓬勃的国营老店。

中国新闻书店

地址：北京市西城区宣武门西大街103号
电话：010-63072012 63073881
公交：搭乘839路、836路、831路、837路区、837路、917路、673路、67路、901快车、901直达快车、9路至"长椿街路口东"站
营业时间：10:00-18:00

北师大读者服务部
——典型的高校校园书店

北京师范大学出版社读者服务部（简称北师大读者服务部或"书店"）成立于1986年，是一所依托北京师范大学和北师大出版社而设立的区域性书店。书店成立30年来，由最初的只经营义务教育教材到现在的经营范围覆盖到所有阶段的教育类图书，包括优质的学前教育、基础教育、职业教育、高等教育和教师教育教材体系的各类教材、教辅，发展的轨迹是与北师大出版社的不断壮大密不可分的。

北京师范大学出版社是北京师范大学出版集团的核心企业，成立于1980年，是以教育出版为主体、以专业出版和大众出版为两翼的综合性出版社。30多年来，北师大出版社始终坚持"传播科学真理，促进教育创新""弘扬中华文化，共享世界文明"的出版理念，出版图书万余种，发行量达15亿册，出口图书近千种，百余种图书获得国家级、省部级奖，积累了丰富的出版资源，形成了知名

的图书品牌,在中国出版界、教育界、学术界享有盛誉。北师大出版社在2007年转企改制后,实现了跨越式发展,销售码洋、经济规模和出版能力在全国出版社中名列前茅,利润率居全国出版社之榜首,净资产收益率远远高于全国出版传媒类龙头企业上市后的净资产收益率,出色地实现了国有资产的绝对保值和快速增值。

正是在北师大出版社强劲的发展势头的带动下,书店也得到了快速发展,从2011年开始书店走上了自主承包经营的道路。但随着"互联网+"的兴起,以及租金和人力成本的不断上涨,传统书店出现了衰退的迹象。在这样的大环境下,北师大出版社读者服务部逆势而上,凭借着细致周到的服务、质量上乘的图书和北师大出版社强有力的支持,不但每年圆满地完成了销售任务,而且还承担了反盗版和参加各类展会的工作,呈现出蒸蒸日上的发展态势。2016年是书店成立30周年的日子,在一个新的起点上,书店对未来有新的认识和规划。

一、发展背景

进入新世纪,书店的发展受到网络销售平台的影响而不断萎靡,这一现象引发了社会普遍的关注,也引起了国家的重视。三联书店2014年开

启了24小时营业模式,"深夜书房"成了北京新的文化地标。2016年,北京市新闻出版广电局代北京市政府出台了包括《北京市实体书店扶持资金管理办法(试行)》等多项政策,强调了实体书店要不断创新经营发展模式以更好地发挥社会服务功能,并提出要促进和扶持相当数量的实体书店通过可持续发展逐渐走上品牌化、特色化的发展之路。

　　具体到北师大出版社读者服务部,其背靠北京师范大学这一百年高校,周边环境更是少商业气息而更多的是读书的氛围,在这样的大环境下,书店逐渐形成了社区书店的定位。伴随着北师大出版社的发展,书店也经历了从简单的销售教材教辅,到多类型图书、多种产品及服务积聚的升级,下一步的发展是打造升级为文化综合性服务平台。

　　二、书店现状

　　书店目前的主营业务包括图书零售和本版批发,经营面积(不含库房)

为213平方米。书店在30年的发展过程中,不断完善各项管理制度,包括工作流程、安全责任制、员工工作守则、服务细则和消防安全应急预案。

2011年,在北师大出版社的支持下,书店开始承包经营,到2015年年底,保持了每年销售额逐年递增的态势。这一成绩的取得,得益于社领导的关心和指导,更与书店全体员工的努力密不可分。书店目前的人员,包括负责人和店员一共是10位,这期间也经受住了减员、经营压力增大等不利因素的考验。同时,伴随着北师大出版社的发展,书店还承担了反盗版和维权工作,以及各项展会的展览工作。

以2015年度为例,书店在经营方面,加强创新意识,努力扩大本版书和外版书的销售,充分发挥大家的潜能,加强对所售图书的宣传力度,取得了很好的效果,直接的反映就是销售额的增加,比上一年度增加了23万多元。书店在反盗版和维权方面,2015年获得了由国家版权局颁发的2014年度知识产权保护先进集体二等奖,同时积极落实与浙江淘宝网络有限公司签署的《图书版权保护补充协议》,通过"知识产权保护平台",加强电子商务领域的图书版权保护。

在承办各类展会方面,书店按照出版集团和出版社2015年年度宣传方案,积极筹备和组织了2015北京图书订货会、第25届全国图书交易博览会、BIBF第22届北京国际图书博览会、第28届全国大学出版社图书订货会的活动,取得了良好成效和口碑。

书店虽然保持着发展向上的势头,但随着网络电商的崛起,实体书店不可避免地受到冲击,由此也引发了发展中各种问题的产生。第一,人力成本和租金成本不断上涨;第二,人才缺口较大,特别是在新的经营模式下的复合型人才短缺的矛盾突出;第三,受制于现有门店空间构成的制约,

不能很好地发挥出社区书店服务学区、社区的优势；第四，书店经营与互联网技术之间缺乏深层次的融合，个性化服务有待提高。

三、书店发展规划

1. 发展目标

北师大出版社读者服务中心作为一家典型的高校校园书店，坐落在比较繁华的路段，拥有高等学府所特有的浓厚的文化氛围和师生集中等特点，优势是明显的。在激烈的市场竞争中，书店要最大限度地发挥自身优势，做强主业，引领校园文化潮流。

在此认识的基础上，书店未来三年的发展目标首先是对营业区域进行升级改造，牢牢把握"为读者服务"这个中心，优化书店结构，开发文创产品，重在为读者带来全新的购书环境和阅读体验方面，让读者不仅能享受到读书的乐趣，也能有一个学习和交流的互动场所。在完成升级改造后，书店在经营方面要加快与互联网的融合，通过全媒体营销和大数据分析，为读者提供更为精准的服务，提高个性化服务的水平。同时，考虑到大学书店兼具经营性质和公益性质，北师大出版社读者服务部还将开展多种形式的进校园、进社区等活动，以响应国家提出的全民阅读的号召。

2. 实施措施

2017年，书店完成升级改造方案的设计和招标工作，在此基础上完成营业执照增项的工作。2017年启动书店装修工程，并设计符合书店定位和特点的文创产品。

2018年，书店在改造升级后，完善各项经营制度，升级网络服务系统，积极进行与互联网的融合。开启各类社会公益活动，提升书店的线上线下的服务品质。

3. 组织管理

书店改造升级后，将根据新的发展目标和经营措施，在北师大出版社各项规章制度的基础上逐步完善自身的制度建设，特别是要加强在服务理念、员工培训等方面的管理。

4. 保障措施

北师大出版集团和北师大出版社历来重视书店的发展，为保证书店完成升级改造、顺利适应新形势下的经营方式的转变，会从制度、政策、资金等多方面提供保障。

相信书店在未来的发展中，不但能成为高校书店中的佼佼者，成为北师大出版社的展示平台，而且争取成为首都文化的另一个新地标。

北师大读者服务部

地址：北京市新街口外大街19-19号
电话：010-58808104
传真：010-58808160
邮编：100875
公交：搭乘22路、508路、645路、618路、635路、645路、331路、620路、运通104路

中信书店芳草地分店
——服务中高端客户群的精品书店

左起：李士杰、张东骏在京城大厦分店调研

　　北京中信书店有限责任公司芳草地分店简称中信芳草地书店或中信书店芳草地分店。坐落在北京朝阳区东大桥路9号楼–2层(–2)LG2–05单元，实际上就是在北京侨福芳草地购物中心里。

　　书店的经营范围有批发、零售、网上销售图书、报纸、期刊、电子出版物、音像制品；制售冷热饮；零售预包装食品。销售办公用品、百货、服装、工艺美术品、电子产品、家具；出版信息咨询；设计、制作、代理、发布广告；组织文化艺术交流活动（不含演出）；策划、组织大型庆典；承办展览展示；会议服务；经济信息咨询。

　　中信芳草地书店作为服务中高端客户群的精品书店秉持着"专业、价值、品味、创意"的核心价值观,以"多元文化,多维体验"为经营理念。致力于打造集精选书店、精品咖啡馆、文化创意礼品店和全球资讯传播站于一体的城市空间,为现代都市阅读者提供更多维的文化体验与休闲感受,用阅读与世界同步。

　　书店一直致力于打造集精选书店、精品咖啡馆、文化创意礼品店、资讯传播站、高端阅读会员俱乐部以及文化沙龙于一体的文化生活空间,深层、全面地满足阅读者多维度的文化生活需求;以空间哲学的解释方式来展示丰富而多元的文化空间内涵;提供优质高端的阅读体验,让读者、顾客收获更加舒适自在的休憩时光。

　　中信书店芳草地分店的经营面积有 375 平方米,经常举办各种丰富多彩的签售活动。书店内设独有的空气循环系统,依托绿色高科技实现新鲜空气的对流循环,使人犹如置身于大自然中,真正实现"无须着眼于绿的色彩,清新洁净的空气,已然让您周身舒爽"。

　　北京中信书店有限责任公司成立于 2008 年 7 月 1 日,隶属于中信出版集团股份有限公司,而中信出版集团隶属于中国中信集团公司,是中央级出版社。2008 年改制为中信出版股份有限公司。

目前，中信书店遍及全国各省市主要书店以及机场、写字楼、商业综合体等图书卖场，于国内 11 个城市取得了百家书店经营权，成为世界第三大，亚太第一大的机场连锁书店体系，同时开通了网上书店。

中信出版社坚持"我们提供知识，以应对变化的世界"的出版理念，以高端优质的内容服务，多样化的内容展现形式，为读者提供高品质阅读与视听内容，满足大众多样化的知识与文化需求。出版的图书涵盖财经、人文社科、时尚、生活等领域。

中信书店作为中信出版社的主发行渠道，近年来，中信出版社在财经类图书零售市场始终名列前茅，总体市场占有率排名连年攀升，有较强市场地位。在中信书店芳草地分店有一份中信出版社出版的部分 2016 年经济学年度书单：《行动的勇气》《奖赏：石油、金钱与权力全球大博弈》《汇率的本质》《分享经济：供给侧改革的新经济方案》《FinTech，金融科技时代的来临》《"错误"的行为》《镜厅》《威权政治：经济学家、政策专家和那些被遗忘的穷人权利》《战略性贸易与国际经济》《宏调的逻辑》《道德部落》《政策制定的艺术：一位经济学家的从政感悟》《入世哲学家：阿

京城特色书店
国有书店篇

尔伯特赫希曼的奥德赛之旅》《下一场全球金融危机的到来：明斯基与金融不稳定》《历史上的企业家精神：从美索不达米亚到现代》。

书店针对现代都市人工作、休闲、出行，在高端写字楼、大型商业综合体、机场及高铁站，分别打造城市商务版、城市休闲版、交通枢纽版三种店型，构建现代都市阅读者多维的文化体验与休闲空间。致力成为精选书店、精品咖啡馆、文化创意礼品店、资讯传播站、高端阅读会员俱乐部及文化沙龙六位一体的文化生活空间，全面满足阅读者多维度文化生活与消费需求。

2017年，中信书店还有一个协同效应的计划：即在中信银行里开成中信书店，中信书店将来也都是中信银行的网点。

中信书店芳草地分店

地址：北京朝阳区东大桥路9号楼-2层(-2)LG2-05单元
电话：010-85628121
车位：地上停车200个、地下停车800个
地铁：6号线"东大桥"站A出口，往南步行7分钟。1号线"永安里"站A出口，往北步行15分钟
公交：搭乘110路、118路、120路、403路、28路、24路、126路、120路

中信书店京城大厦分店

地址：北京市朝阳区新源南路6号京城大厦一层
电话：010-84865996

中图读者俱乐部
——以"国际同步阅读"为经营特色

中图读者俱乐部有限责任公司简称中图读者俱乐部（因为店内外文图书多，被人们俗称中图外文书店）经营图书、报纸、期刊、缩微制品、电子出版物（包括只读类光盘、交互式光盘、电子书及在线电子出版物）进口业务，进口报刊涉外场所零售、音像制品批发、零售业务。

为了更好地向社会诠释时代中图、大众中图的企业文化，中国图书进出口（集团）总公司（简称"中图集团"）于 2013 年决定对原有中图公司一直所经营的以原版图书销售为主的实体店面进行改建，并将该书店移出主办公大楼，选择了临街的南侧小楼作为经营场所。

小楼紧邻中图集团主办公楼，位于北京使馆区、三里屯商圈、工体商圈以及 CBD 商圈的交汇处，楼体为五层建筑，总建筑面积为 1400 平方米。

改建后的书店由中图集团旗下全资子公司中图读者俱乐部(书店)负责经营和管理。

书店以"国际同步阅读"为经营特色,以"舒适、惬意的文化空间"为经营理念,精选大众类书刊及文化周边产品,包括原版小说、生活方式、艺术设计、动漫、原版音像、创意产品及原创饰品等,并设有"尚刊集""美书馆""原音汇"以及"源漫社"四大特色产品品牌。

书店是中图集团的大众窗口,"尚刊集"——可零售、征订各类期刊,是北京外刊品种最全的零售实体书店。

"美书馆"——涉及艺术画册、建筑装潢、时尚设计、创意工艺等国内外图书,为艺术界朋友打造了一场艺术界的饕餮盛宴。

"原音汇"——利用中图公司独家进口音像经营许可,为发烧友提供进口发烧级音像制品,是北京唯一一家销售全品种进口外版音像制品的实体书店。

"源漫社"——联手海外著名动漫书刊供货商及日本最大动漫衍生品连锁店 Animate 公司,为北京的"漫迷"提供品种最全、最新的动漫产品。

其中，国内外版动漫图书品种已达千余种，Animate原版动漫衍生品种也已近万种。

通过混态经营，书店将购书阅读、咖啡、休闲生活、文化推广及素质教育等大文化范畴的多元服务集于一身，以更人性化的设计、更先进的理念打造中图公司的新型文化结合体，塑造中图公司的服务于大众的文化空间。

书店在多年的经营中，既为大众读者提供品种丰富的畅销图书及相关文化产品，又通过四大特色品牌的营销推广在北京的大众市场中树立了良好的品牌形象。

为贯彻落实习近平总书记关于"培育和弘扬社会主义核心价值观，必须立足中华优秀传统文化"的指示精神，书店结合少年儿童好奇心强、兴趣广泛、爱玩电子产品的特点，利用图书画报等传统媒介，将深奥的传统

京城特色书店
国有书店篇

文化伦理道德思想通过生动活泼、幽默风趣、浅显易懂的形式加以呈现，寓教于乐，让孩子们在开心玩乐中潜移默化地接受传统文化的熏陶。

为了让更多的非物质文化遗产项目提供一个展示的平台，书店邀请国家级博物馆的专家、老师，非物质文化遗产的传承人以及文化学者，开设起多种中国传统文化的讲座及体验活动。

孩子们在书店不仅能了解中国传统文化的发展和精髓，更能亲自动手体验到传统技艺的乐趣。同时建立线上文化传播平台，让线下的讲座，体验课程能在线上播放，使更多的青少年收看到专家老师的授课。把线上打造成为专家视频授课、文化交流、艺术作品售卖的综合性服务平台。

书店利用中国图书进出口集团总公司组织的世界各大书展等文化活动平台，输出我们的传统文化技艺，让世界了解中国传统文化的同时在书店以授课的方式开展活动。例如书店曾经开展的"印刷探秘之旅"和"又是一年春来早，忙趁东风放纸鸢"等活动都得到了家长们广泛认可与支持。

教育家陶行知先生有句名言："千教万教，教人求真；千学万学，学做真人。"通过国学教育，帮助青少年树立正确的人生观、价值观，成为一个真真正正大写的"人"。传统文化就像一颗种子，埋在孩子们的心中，只要悉心培育，相信在未来收获的将是一整片郁郁葱葱的"森林"。

中图读者俱乐部（中图外文书店）

地址：朝阳区工体东路 16 号 2 号楼
电话：010-65085378
地铁：6 号线至"东大桥"站 A 出口，向北步行 500 米

人民大学出版社书店
——为读者着想的书店

律蕴哲与李士杰

  中国人民大学出版社有限公司书店简称人大出版社书店，成立于1998年11月，负责零售、邮购公开发行的国内版图书、期刊、国内版音像制品、文化用品、体育用品。

  人大出版社书店每年销售图书2000余种，发行码洋6亿多元。包括哲学、经济学、政治学、法学、社会学、行政学、人口学、环境学、新闻学、档案学、财政学、金融学、管理学、会计学、商品学、历史学、语言文学、

伦理学、心理学、美学、艺术以及新兴学科和边缘学科等。一些教材发行数量高达数十万册以至数百万册。

中国人民大学出版社成立于1955年，是新中国建立之后成立的第一家大学出版社。出版社依托中国人民大学的综合优势，团结全国广大人文社会科学工作者，高扬人文社会科学的旗帜，秉承"出教材学术精品，育人文社科英才"的理念，大力实施精品战略，以优秀的出版物传播先进文化。建社60多年来，累计出版图书20000余种，年营业额8.3亿元（2011年）出版了一大批具有文化积累与文化传播价值的优秀教材和学术著作。

人大出版社的前身是1950年2月成立的中国人民大学出版处。1952年8月，出版处改称出版科。1953年9月，学校研究部所属的出版科、印刷厂、出纳组、油印股合并成立中国人民大学教材出版处（地点在鼓楼西大石桥28号拈花寺），负责学校教材的出版、印刷、发行工作，成为一个完整的出版机构，但不能对外公开发行教材。当时，全国对人大教材的需求量庞大，教材出版处出纳组的发行力量远不能适应社会的需要，全国供销合作总社就为此建立了一个教材供应组，专门发行人大的教材，配送至全国各省、自治区分支机构。

1954年3月12日至21日高等教育部隆重召开的中国人民大学教学经验讨论会。与会人员是全国各高等院校的校长，还有主管教学工作的负责人，会议主要由胡锡奎副校长代表人民大学介绍本校贯彻中央关于"教学与实际联系，苏联经验与中国情况相结合"教育方针的情况和经验。时任高等教育部副部长的杨秀峰在会议闭幕式上讲话，要求各学校根据自己的情况来推广人民大学的经验。

会后，各部委和各地方兄弟院校纷纷来信要求人民大学提供教材。当时的教材出版处由于规模小不能完成这一任务，所以高等教育部就提出由人民大学推荐一批教材公开出版。当时学校研究部请苏联专家推荐了81种，后又压缩至22种，这22种由高等教育部分到当时北京的几家出版社来出版。但是，这22种书中，最初只有《统计学原理》《工业企业组织与计划教程》两本在使用了教材出版处原来铅印教材的纸型，仅更换了封面的情况下公开出版了，其他的大部分教材都未能正式出版。

教材出版处的陈维雄（时任教材出版处副主任）与齐振之（时任教材出版处副主任）、王颖（时任教材出版处办公室业务秘书）等一致的看法是，既然社会上对人民大学的教材有大量的需求，而教材出版处又有能力编辑出书，只是不能公开出版、发行，那么建立出版社是解决这个矛盾的最佳途径，于是向学校研究部副部长张腾霄做了汇报。在张腾霄副部长的支持下，教材出版处写了一个建立出版社的报告呈递校长。

时任中国人民大学校长的是中共"五老"之———吴玉章。吴老在担

任中国人民大学校长的17年间,为中国人民大学的诞生、成长和壮大奉献了宝贵的精力和才智。在吴老的关怀和大力支持下,建立人大出版社的报告很快就得到教育部、文化部出版事业管理局的批准。

1955年4月29日,吴玉章校长发布《关于成立中国人民大学出版社》的命令,宣布中国人民大学出版社成立,社号为011。任命陈维雄为出版社副主任,负责全面工作;齐振之为副主任,负责党务工作。中国人民大学出版社成为新中国的第一家大学出版社!

20世纪80年代,对传播马克思主义理论方面的书,人大出版社开创性地把它做成注释本,对全国广大干部群众学习马列主义起到了辅导作用。1979年开始着手创办的《文学论集》《语言论集》《新闻学论集》《清史研究集》四种论集,成为人民大学文史论文的发表园地,提高了教学质量,促进了科学研究。1984年开始,出版社筹划出版"中国人民大学丛书",这是以学校名字命名的、反映人民大学综合性研究成果的具有开创性的大型丛书。其中,《佛教哲学》一书获得首届中国图书奖。同时出版了很多开创性的翻译著作,如从1985年就开始筹备出版的《亚里士多德全集》,出版后获得了第四届国家图书奖。

进入新世纪以来,人大出版社在进一步维护和拓展"21世纪系列教材"的同时,争取到了90余种国家级教材的出版工作,教材编写无论是从形式到内容,还是从理念到方法,都进行了很大的改变。与此同时,人大出版社及时回应社会对人文素质、人文精神、人文关怀的呼唤,积极推动构建和谐社会，组织出版了一批大众精品出版物和高水平学术著作促进了我国学术研究与发展，为我国哲学社会科学的繁荣与发展做出了积极的贡献。

在人民大学出版社50年社庆之际，李瑞环同志给人民大学出版社题词："为读者着想"。

多年来，人大出版社出版了《亚里士多德全集》《中国传统道德》《中国审判案例要览》《中国佛教哲学要义》《中国新闻事业通史》《中国古代治国要论》《清史编年》《世界美术全集》及"中国人民大学年度研究报告系列"等一大批重要的学术著作，组织出版了《经济科学文库》《管理科学文库》《法律科学文库》《新生代学人文丛》和"邓小平理论和'三个代表'重要思想研究丛书""当代中国经济问题丛书"等一批学术系列著作，这些在国内外都产生了重要影响。

近些年来人大出版社共有300多种图书获得省部级以上各类奖项，在高校出版社人文社会科学成果出版中名列榜首，在学术界和社会上树立了良好的品牌形象。例如出版的李瑞环的重要著作《学哲学用哲学》就是一部重要的理论著作。

一个好的出版社就如同一头健壮的奶牛，如果产不出新鲜的牛奶，她就不再是好的奶牛了。人大出版社与国外包括牛津大学出版社、哈佛商学院出版公司等在内的著名的出版机构建立了良好深入的合作关系，出版众多具有深远影响的人文、经管精品图书，许多已经成为这个领域的必读书，在企业界、学术界、大众读者中享有很好的品牌美誉度，并帮助读者不断获得知识的力量和阅读的情趣。

书店在销售工作中不断深化以加强现代营销为导向的改革创新，下设销售部、信息部、市场开发部、储运部。开发部负责新市场的开发和面向直接用户的宣传营销，挖掘潜在市场，扩大人大社图书的市场覆盖率，开发了"中国人民大学出版社教研服务网络"，为全国高校的师生服务，在管理工作中加强运用现代化网络技术的改革创新，全面实施数字化信息管理，开通了社内局域网。

信息技术是21世纪的先进生产力，信息化正在从根本上改变着当今世界的面貌。信息部对图书发货、退货、回款等进行跟踪分析，为选题策

李士杰与李开龙

划部、销售部、市场开发部提供图书的反馈信息，为领导的决策提供依据。开拓国外市场，实现网络条件下的营销管理。通过"以信息定市场，用宣传带营销"，树立品牌营销概念，把进行区域开发和对教材进行多层次开发、配套开发、二次开发作为未来发展新的增长点，从而实现市场营销各项职能的规范、协调运作，建立起与社会化大生产相适应的市场营销体制和运行模式。

　　去者已逝，来者可追。过去的书店人谱写了辉煌而厚重的交响乐章，那是所有人共同的记忆与骄傲；如今的书店人正在新的时代潮头奋进，肩负历史的使命，心系时代的责任，以更开阔深远的视野、激情四溢的情怀、脚踏实地的步伐，谱写新的光荣与梦想，奔向更加光辉灿烂的前程！

人民大学出版社书店

地址：北京海淀中关村大街31号
电话：010-62511172

王府井外文书店
——国内最大的外文原版图书零售卖场

北京新华外文书店股份有限公司1981年12月28日注册成立,因为注册地在北京市东城区王府井大街235号,所以被人们简称为王府井外文书店或北京外文书店。

王府井外文书店是目前国内最大的外文原版图书最大的零售卖场,位于繁华的王府井中央商业街,与新东安市场、北京市百货大楼毗邻相望。

现营业面积为3000平方米,一、二层全部开放式经营。经营品种8万余种,有英、日、德、法、俄、西班牙、葡萄牙、阿拉伯、塞尔维亚语等50多个语种、适合于各种外语水平读者阅读的外文图书、外语教材和工具书。主要经营外文图书(包括字典、工具书、外语教材、外文读物、学习外语参考书、国内出版的外文图书等),音像制品(包括各种教学及文艺录音带、录像带、激光唱片、激光视盘等），国产画册等。

随着改革开放的不断深入，中外文化交流日益频繁，国内科研教学及中外读者对外文原版图书的需求不断增强，作为专营进口原版图书的专业实体书店引进48家国际出版机构300余家出版社，常年备货品种20000余种。为全国50余家国际学校、众多的机关单位、科研院所、大专院校图书馆提供订购和零售服务；线上读者遍及各个国家和地区。

进入书店，读者能发现世界最新发行的优秀小说，还能找到上千种古典及现代作品；旅游爱好者便可从各类画册、旅游手册和导游地图中饱览世界名胜；艺术类图书例如美术摄影、广告设计、建筑设计等多种图书、画册，构成了一个多层次的选购空间；大量社科类、自然科学类的学术著作可供各行各业的专家学者选用；在这里，形式各异、功能多样的进口原版少儿图书，使"孩子们从小就生活在双语学习的环境里"成为可能。置身其中，会使人感受到中西方文化交融的特有氛围。

走进音像销售厅，读者不仅可以从古典音乐动听的旋律中领略到音乐大师的风范，还能看到类别繁多的音像制品，从音乐学习、专业考级教材，到各种音乐、影视作品一应俱全。其中，品种最全、最具特色的进口原版CD，深受专业人士和音乐发烧友青睐。

步入宽敞明亮的店堂，映入眼帘的是中英文对照的诚信公约、服务项目、服务承诺、热线电话、投诉电话和值班经理公示牌。摆放有序的书架上，图书陈列丰满美观，图书分类科学实用，体现了书店视读者为上帝的经营理念，无论是楼层间专供读者使用的客用电梯、滚梯，营业厅中的沙发、座椅、卫生间，还是书店为读者准备的针线包、急救药箱、老花镜、方便笔、便签等，都在细微之处折射出外文书店"服务为先，读者至上"的用心。

提高服务意识,深化服务内涵

书店员工们认识到,读者是书店工作的主体,不同类型的读者到书店的目的、购买需求不尽相同。作为书店员工,尽量为他们提供最优良、最合理、最人性化的服务。当读者走进书店时,外文书店员工会主动上前问好,对读者的问候体现在说好第一句话当中;当读者需要安静地翻阅图书时,员工会在既能让读者看到,又不打搅读者看书的地方随时准备为读者服务;当读者需要帮助的时候,员工们会想尽办法,帮助读者解决困难,帮助查找所需的图书;书店员工有着较高的英语水平,当外国读者需要帮助时,员工会用英语完成接待服务工作。用自身的知识和能力,为中外读者提供便捷、周到的服务,与读者交朋友、视读者为亲人,已经成为外文书店员工的一种习惯。

书店坚持开展流动售书活动,延伸服务内涵,极大地满足了客户的需求,不断扩大流动售书的规模和效果,拓展经营思路,成立店外直销队伍,深入机关、饭店、图书馆、大学等单位,提供送书上门服务。由于国际学校采取封闭式管理和教学模式,使得学生平时没有时间到书店购书。书店为满足国际学校教学和学生阅读需要,定期到各国际学校流动售书。每次流动之前,都会针对学校教学和学生需求配备图书品种,保证了国际学校的教学质量,满足了学生的阅读需求,得到了广大师生的一致赞誉。

外文书店长期承担着对外宣传任务,为方便国外读者选购图书,促进

文化交流，书店在一层明显位置陈列宣传中国优秀文化的外宣图书，包括中国悠久的历史文化、中国古代哲学思想、古典文学名著、传统中医学、风景名胜等，吸引了来华的外宾。

加大引社入店力度，促进企业品牌建设

近年来，外文书店成功引进企鹅、哈珀柯林斯、LP等国际知名出版社进店，由出版社自行设计、符合其企业形象的特装展位，展示陈列重点推荐图书和最新出版图书。引社入店，不仅突出了国际出版社的品牌形象，强化了外文书店的经营特色，同时，进一步加强了店社之间的合作，扩大了宣传，突出了企业品牌特色。

位于外文书店三层全国最大的日文原版图书销售中心，填补了国内日文原版图书销售的空白。日文原版图书销售中心常年展销近万种。其中，日本独具特色的漫画书和各类日文杂志深受年轻读者的青睐。

外文书店延续着企业"专、精、特、新"的发展之路。在策划活动中，以促进销售为重点，不断创新思维，对重点节日、纪念日，重点类别开展有针对性的策划活动。开展了"欢度新春，快乐阅读"主题营销活动；以世界读书日及"五一"劳动节为契机；开展以"好书相伴，精品同行"——中外精品图书、音像制品展销为主题的营销活动；举办庆祝"六一"国际儿童节——2013年北京国际儿童书展；在国庆节期间开展以"金秋十月，畅游书海，真情回馈"为主题的营销活动。

创新推进营销理念和营销方式，进一步加强市场信息的开发利用，着力打造"原版进口图书"特色品牌，以主旋律为导向，以品牌塑造为目标，积极开展主题鲜明、内容健康、具有先进文化导向的宣传营销活动。联合系统内各大书城共同举办进口原版外文图书暑期大联展活动，大联展汇集包括培生、企鹅、学乐、剑桥、牛津、麦格劳希尔、兰登、培生、麦克米伦等50多家世界著名出版集团出版的精品图书，数万品种全新原版进口图书与读者见面，通过买赠活动，答谢读者同时促进销售。立体式、全方位、多角度的宣传策划活动不仅赢得了市场，更树立了良好的企业形象，扩大了企业的知名度和信誉度，也为书店聚集了人气。

外文书店打造阅读为主题的体验空间，阅读环境的营造、使读者在全方位的体验中感受阅读的趣味，设置咖啡饮料售卖区、随处可见的舒适座椅、摆放绿色植物，同时，设置（商务）洽谈区域，用于方便读者间、家庭间、朋友间交谈和沟通，设置小型临时会议区域，用于召开新书发布会、读者见面会、名作家签售、讲座、举办读者沙龙等文化活动。

始终坚持"为科研服务，为对外宣传服务，为不同层次读者服务"的企业宗旨，多次接待国际政要、各界名流到书店参观选购图书，深受外籍在华人士和国内读者的青睐。

我们在调研后的结论是：进口和销售原版的外文图书、音像制品、画册，王府井外文书店是有质量保证的。

王府井外文书店

地址：北京东城区王府井大街235号
电话：010-65126903

化工书店

——加强社店信息共享，加强书店建设和增加书店多元经营

到北京化工书店调研，我们有几大收获，先是见到了全国"百佳"出版工作者、前化学工业出版社（简称化工社）社长俸培宗和刚刚出席"全国社店营销实务对接会·2016年社店营销暨年度人物发布礼"归来的现任社长周伟斌、副社长杨建忠。对"加强社店信息共享，加强书店建设和增加书店多元经营"从理论上取得了共识。

主要收获是化工书店销售化工社出版的关于医疗健康、养老护理和少儿绘本图书品种多、质量高，使我们"眼前一亮"，从而消除了对"化工书店只销售化工书籍"的误读。

其次是知道了化工书店和化工社的"前世今生"。

左起：王向民、李建辉、俸培宗、李士杰、刘钺、王小英

化工书店的大堂上悬挂着华罗庚先生在1985年5月专为书店题的匾额："中国化工书店"六个大字金光闪闪。

问及书店的刘钺店长为何悬挂于室内而没有"炫耀"在街道市面，才知道是因为市工商局无权批准"中国"字头的店名，只好将华老的题字"束之高阁"，留作永久的纪念啦。

化学工业出版社是新中国出版界历史较为悠久的中央级出版社，设立于1953年1月，出版科技图书、教材、大众图书、电子出版物及科技期刊等五大类。经过六十多年的发展，化工社现已成为专业特色突出、品牌优势明显、图书市场占有率较高、有良好知名度和信誉度的、荣获"全国百佳图书出版单位"。

北京化工书店成立于1986年1月10日，化工部副部长杨光启、王珉和部机关司局领导以及在京事业单位领导出席开业典礼。书店备书465种，24000余册。书店的开业除增加了化工社的经济效益外，扩大了化工图书的宣传，方便了读者。书店还在南京、上海、吉林、兰州、北京燕山、山东淄博等地的化工公司或石油化工公司内建立了代销点。2012年化工书店被北京市新闻出版局和北京市出版工作者协会联合授予"诚信企业"荣誉称号。

作为化学工业出版社的直销门市，全品类经营化学工业出版社出版的图书。接待我们的刘铖店长语气肯定地说:"书店的主业是销售图书,如果没有好的图书,书店就没有存在意义"。

化工社以自身优势为基础,采取"立足大化工,面向大科技"的出书方向,对图书选题进行优化调整,现已形成化学、化工、材料、环境、轻工、能源、机械、电气、生物、药学、医学、安全、生活、大众健康、建筑、农业、计算机、经管、人文、少儿等主要图书板块。其中,化学、化工、材料、环境、轻工、能源、机械、安全、药学、生物、农业等专业图书在全国零售市场保持较高占有率。

化工社出版的教材面向研究生、本科、高职高专、中等职业与成人教育以及职工培训等各个层次,目前可供教材4000余种,年发行量600余万册。

化工社先后与境外816家出版机构、70家出版代理机构保持密切联系开展合作。近5年引进版权407种,输出版权156种。着力推出得到社会各界认可的精品图书,有统计以来共有794种书刊荣获省部级以上优秀图书、杰出学术期刊奖。曾经出版的《中国材料工程大典》(26卷)获得首届中国出版政府奖图书奖;《核材料科学与工程》(12册)获得第二届

中华优秀出版物奖图书奖；《石油和化学工业60年》入选中宣部、新闻出版总署"辉煌历程——庆祝新中国成立60周年重点书系"；《化学进展丛书》《流态化手册》等5种图书入选新闻出版总署"三个一百"原创图书出版工程；《中国蝴蝶观赏手册》获得第七届全国书籍设计艺术展览最佳书籍设计金奖；《永远的汶川：大地震前后的珍贵记忆》获得第二届中华优秀出版物奖图书奖"抗震救灾特别奖"等。

正是化工社人才济济，才能出好书！

前社长俸培宗当选"新中国60年百名优秀出版人物"和"中国百名优秀出版企业家"；有4人（次）获"中国韬奋出版奖"和"全国百佳出版工作者奖"；3人获得"优秀青年编辑"称号。

化工社成立的数字出版与信息中心，单设数字出版业务机构，另在计算机等专业分社下设数字出版编辑部，出版机电类数字化手册，实现重点产品的立体化出版。目前，已建立全社数据安全备份和图书资源存储管理系统，制作电子书10000余种。

化工社门户网站于2000年创建开通，十多来已进行多次技术升级和页面改版，页面点击量逐年大幅提高，确保第一时间全面、准确、及时上传新书信息，连续三年在全国出版业网站评测中排名进入前十位。数字出版将是化工社的重要发展战略，是四大强社工程之首，积极探索纸介质出版和数字出版共生共赢的模式。

化工书店和全国各地新华书店、民营书店、网络书店等建立了稳定友好的合作关系，形成了完善的销售网络，在图书零售、图书馆配售、教材销售等方面有很强的竞争力,为增强出版社的综合实力提供了保障。

刘钺店长用手指着书架上化工社出版的时尚生活、养生健康等大众类图书说:"因为书店地处北京市东城区安德路社区,毗邻青年湖公园和177中学,附近还有冶金部宿舍区,周边环境以生活区为主,作为一家是实体书店,除了化工书店服务专业的功能外,在一定程度上要为周边区域的居民提供一个休闲阅读场所。"

由于化工书店的名称和最初的市场定位为专业科技书店的原因,老百姓对"化工书店"敬而远之,不敢走进来,总以为化工书店是卖化工图书的,跟他们的生活离得太远。虽然化工书店也一直在通过海报和易拉宝等形式进行促销宣传,但还是感觉宣传力度不够。

从2007年开始,化工社开始出版大众读物,在一定程度上满足了周边社区群众的文化生活需求,课外阅读类图书为周边学校中小学生提供了丰富的课外知识。目前已在大众美食、疾病预防、美容美体、自然科普等方面形成了规模和特色。

我国进入老龄化社会,北京化工书店周边有很多20世纪50年代建立的单位宿舍和住宅小区,老年人口众多,现在的老年人都比较关注自己的身体健康,很多读者来到化工书店寻找关于健康养生方面的图书。书店将这个信息迅速传达给化工社以后,化工社顺势出版了大量养生健康类图书,在养生健康类图书市场形成了品牌和知名度,取得了良好的社会效益和经济效益。

化工书店目前正依托化工社强大的图书出版能力，不断践行"读者的需求，我们的追求"的行动口号，逐步推出养生讲座、读者沙龙、作家见面会等贴近读者日常生活的文化活动。

有爱心的出版社、有爱心的书店

书店的墙上悬挂着许多"爱心回音卡"。问询化工社王向民主任才知道，这是书店爱心员工积极参加国资委直属机关团委组织的"爱心小书包认领站"活动后得到的。

乐善好施、扶贫帮困是中华民族的传统美德，相互帮助、患难扶持是社会倡导的时代新风，书店和出版社的爱心员工踊跃与贫困学生们结对帮扶，用实际行动去真心关爱、资助帮扶他们完成学业。

2016年3月5日，值学雷锋纪念日之际，化工出版社团委精心准备了100份爱心小书包，捐赠给河北省蔚县南岭庄中心小学的孩子们。

书店的爱心员工拿出50元便可认领一个爱心小书包，给一位留守儿童、贫困学生送去一份精美、实用的爱心文具包、爱心图书包或者爱心美术包。这些爱心小书包将连同爱心员工填写的爱心卡片，一起交给帮扶的小朋友，爱心员工也将收到一份孩子们的回音卡，以表达感激之情。

我们看到书店正在举办的特价图书促销活动,《健康快到碗里来》《养脾胃吃什么宜忌速查》《世界恐龙大百科》《搭地铁玩日本》《摄影必修课》《100年54篇英语世界文学名著》等图书吸引了许多的读者。

刘钺店长说此次2016年北京市政府关于实体书店扶持项目给化工书店带来改革了契机。他表示将会增加定期特价图书促销活动的频率,满足低收入群体的阅读需求。一定以经营专业图书为主,同时兼顾大众阅读体验,发挥地处居民社区的区位特点,逐步提升内部员工素质,加强内部管理,配合社区服务,改善阅读环境,为社会提供一个更加舒适的实体书店。

我们祝愿化工书店在2017年"继承创新,互不排斥,新故相推,日生不滞"!

化工书店

地址:北京市东城区青年湖南街13号
电话:010-64518888

【关于实体书店对联摘录】

◎藏古今学术　　　聚天地精华

◎东壁图书府　　　西园翰墨林

◎欲知今古千年事　　且读中西万本书

◎古今书籍凭君选　　中外文章任你观

◎远求海内单行本　　快读人间有用书

◎远求海内珍藏本　　快读人间未见书

◎传播四海新文化　　推广九州有用书

【关于实体书店格言名句摘录（二）】

◎书店是提供文化营养的粮仓

◎书店里的新故事每天都在发生

◎书店里蕴藏着五彩斑斓的世界

◎书店是繁华世界里的心灵驿站

◎书店经营改革的关键是转变经营观念

◎书店是传播知识和文化的重要渠道

◎书店对满足民众的文化需求发挥着重要作用

◎书店最好的自救是主动创新、迎合市场

人教书苑

——毛泽东主席题写了社名：人民教育出版社

左起：化雨、刘群援、李士杰、王小英、祝江华

　　人民教育出版社（简称人教社）和人教书苑在北京是很著名的。曾经有三位国家领导人为人民教育出版社题字：1950年12月1日，毛泽东主席题写了社名——*人民教育出版社*；1983年成立课程教材研究所，与人民教育出版社合署办公，邓小平主席题写了所名；2003年江泽民主席为人民教育出版社出版发行的《中华传统美德格言》一书题词："传承中华美德，培养民族精神"，国务院副总理李岚清为《中华传统美德格言》一书作序。

　　其次，首任出版社社长兼总编辑是我国著名文学家、教育家、出版家叶圣陶先生。

　　我个人知道人民教育出版社的原因之一是：我们上小学、中学的课本

大部分产生于这个出版社。还有个原因：我的好朋友、著名写作"高手"现已退休的尹鸿祝先生曾经是这个出版社的副社长。

我国最大的基础教育教材和教育图书基地

60多年来，人民教育出版社在党和国家几代领导人的关心和关怀下，秉承"敬业、严谨、团结、创新"的社训，与时俱进，勇于探索，服务教育，逐渐发展成为我国最大的基础教育教材和教育图书建设基地，为发展我国基础教育事业，提高中华民族素质，做出了重要贡献。出版社建社以来，主持或参与拟定了2000年以前历次中小学各科教学大纲；根据我国教育改革和发展的需要，先后研究、编写、出版了10套全国通用的中小学教材；累计出版各类出版物4万余种，发行量逾600亿册。

人民教育出版社出版的教学产品都是由"人教书苑"这个实体书店对外展示的，人教书苑是全国人教版教材最全的零售商。经营品种6000余种；在国内图书销售行业有很好的信誉和广泛的影响。

人教书苑隶属于人民教育出版社下属的北京人教希望读者服务有限责任公司，设立于1993年5月20日，是公司零售门店。由传统的"零售+邮购"服务模式起步，发展到现在的"实体店+网购微购"的线上线下服务平台。书苑坐落在北京景山公园附近的沙滩后街，也就是人民教育出版社旧址的门面房。

2017年年初的一天,我们来到这个闹中取静的书店。推开书店向阳的玻璃门,门口左侧、右侧都是咖啡吧的位置,有读者坐在舒服的沙发里看书、晒太阳、品咖啡;门口正对的是阅览区,书架上有人教社的大众读物、幼儿读物。墙上悬挂着工商局批准书店经营的范围为销售公开发行的国内版书刊及电子出版物;零售音像制品、预包装食品;餐饮服务(制售冷热饮);销售文化用品、工艺品;劳务服务;组织文化交流活动;教育咨询服务。属于专精特新类书店。

咖啡吧和阅览区之间的白色长桌上,展示的是人教社开发的印有教材封面的U盘、公交卡等多种出版衍生品。人教书苑的祝江华店长(书店内部人称她主任)拿着一个她们自己创作的磁铁书签说:"制作和销售这类的文化用品,是我们书店近两年增加的一大特色。"

为特殊教育服务,为老年人服务

穿过咖啡吧,进入图书展销区,营业面积近400平方米,艺文气息浓厚,购书环境典雅、温馨;这里不仅有人教社的品牌教材教辅图书、音像制品,还有各种文具用品。

2015年7月,人教书苑在两个门店设立了特殊教育图书专柜。针对现有特殊教育图书教材种类不够丰富、版本老化、配套辅助教学产品不足等情况,积极与周边社会福利机构合作做好特殊教材的发行服务,研发和采购与学生现实生活同步的教学辅助产品及教材,帮助孩子们学习更多的知识,从而提高他们适应生活、适应社会的能力。

祝店长介绍说，尽管制作特殊教育的图书教材是"赔本"的，但因为是公益事业，赔钱也要做。就像在人教书苑店面里设立图书角，免费给社区老人提供阅读空间，而且还积极开展以优秀文化为主题的阅读活动、举办各类图书推广活动，服务社区、回馈社会。积极组织敬老活动，社会名人、街道老人和单位老员工互动表演节目，尊老爱老的同时提升社会影响。

沿着图书展销区走到楼梯口，能看到楼梯两侧的照片墙。祝店长向我们介绍："这个'时光隧道'展览的是人教社社史。"

"沿着楼梯往上走，左手边的照片墙上有从人教社第一任社长叶圣陶先生开始的历任社长照片，右手边的照片墙上则展示了1950年建社后的大事记及出版社出版的各种版本教材。"

人教书苑目前每年举行的大型活动约有15场左右。这不包括人教出版社离退休的老同志来此聚会和活动。

祝店长向我们介绍走进书苑的两位老人——肖雨潞老先生和他的老伴儿。肖老曾于1961至1972年在人教出版社俄语室工作。

老人顺着"时光隧道"仔细观看墙上的每一幅老照片，边看边给身边的人讲述当年的故事，讲解着照片上每个人物的故事……

两位老人到二楼大厅的椅子上刚坐下，又来了几位退休老员工，这些老同志欢聚一堂，老人们细细地品味服务员送来的咖啡、热茶，一位老干部为大家助兴，带头唱起了现代京剧《沙家浜》，真是字正腔圆，另一位老干部为大家唱起现代京剧《红灯记》，也是有板有眼。老人们高兴地聊梦想、晒书法、亮嗓子、猜谜语，活动精彩纷呈，不亦乐乎！

制作和销售结合课堂教学及学生课本内容的文化用品

人教书苑的独特气息是其他书店不具备的。

这个书店有着三十多年的图书发行和书店经营经验，是人教出版社的展示中心、活动中心、培训中心与连锁中心。通过与终端客户进行沟通，收集好读者的反馈信息，传达给出版社。

对出版社出版的课堂教学及学生课本内容的文化用品进行延伸开发，积极创新，不仅积极进行学生的教具学具和相关文创用品、教学衍生品系列产品的开发与市场拓展尝试，还积极开发销售相关艺术品与艺术延伸品。

除了常规线上、线下业务的运营外，立足教与学两方面实际需要布局国内市场。

人教书苑立项设计生产的"人教"品牌系列展示今日风貌时不忘往昔峥嵘，出版社的文化传承尽显其中。包括中小学教学相关文具如本册、文具、卡片、课本剧道具、人教老教材怀旧系列、文具及教育用具类礼品系列、特殊教育系列等非书品类项目的衍生产品。

组织少年儿童参加丰富多彩的活动

为丰富社区文化生活，推进全民阅读活动，人教书苑利用自身的人文历史和空间资源，开展多种有影响力的社会化活动，通过表演课本剧、朗诵、舞蹈、讲故事等丰富多彩的活动形式给孩子们提供了展示自身才艺的舞台；通过不定期的新书作者和读者的互动拉近读者和作者的距离，互相启发教育新知；通过家庭教育系列讲座、茶道礼仪、艺术品鉴、古琴雅集、音乐书法绘画等艺术欣赏等，将这些讲座资源收集整理，逐渐形成整体效应，既可带动图书销售也更进一步提升人教书苑的社会认知。

祝店长说书店组织的"阅读之美，精神之渊"读好书活动，活动很成功。她手指着墙上一张《熊猫桐桐》作者吕丽娜的照片说："桐桐是一个讲亲情，讲友情，爱动脑筋，爱干活儿的一个小主人公，是吕丽娜塑造的一个拟人

化的熊猫桐桐，很受家长和孩子们的热烈欢迎。"

我们在电视屏幕上可以看到小朋友朗读《熊猫桐桐》的回放表演。孩子们一个个走到会场中间，用稚嫩的声音，绘声绘色地将小"桐桐"呈现在大家面前，孩子们的精彩朗读不时引起一阵阵热烈掌声。活动分别为新书推介、感恩《熊猫桐桐》签赠和好书交换等几个环节。在感恩环节，由《熊猫桐桐》绘本丛书的插画家孙以伟先生现场教授小朋友们制作熊猫桐桐贺卡，以此作为小朋友们送给父母的一份礼物。

在新生活家庭市集——好书交换环节，参与活动的家庭事先将家里小朋友闲余的图书带到现场与其他家庭进行交换。闲余图书换读，既能培养孩子的环保意识，体验交换乐趣，同时还可以结识新朋友，也锻炼了孩子们的社交能力……

实体书店真正"活"起来，还是要靠人的观念改变。

在即将告别人教书苑之时，祝店长说，2016年，人教书苑推出了微信平台，设立读书播报、静夜读书、好书推荐、课本故事、在线购买等模块，提升了对读者会员服务的广度和深度。探索"网订店取""网订店送"等经营方式，从而为读者提供更加便捷贴心的服务。

她满怀信心地说："2017年，我们一定争取成为点亮京城灯光的地标性实体书店！一定日生不滞，撸袖而为！"

我们深信发展中的人教书苑一定能够成为京城最美的书店。

人教书苑

人教书苑景山店
地址：北京市东城区沙滩后街55号
电话：010-64044211

人教书苑魏公村店
地址：北京市海淀区中关村南大街17号院1号楼
电话：010-58759302

大地书院
——以地球科学为主题的书店

　　以地球科学为主题的实体书店——大地书院坐落在北京市海淀区学院路31号地质出版社一层（中国地质大学南门以西200米），是中国大地出版社、地质出版社的对外展示交流窗口和文化产业交流平台，国土资源部科普基地。书院占地面积800多平方米，包括地学专业图书书库、地质主题生活馆、大地童书馆、多功能活动室和咖啡厅，为各年龄阶段读者提供图书零售、阅读、展览、培训、户外体验、科学探索、创意产品、餐饮等综合服务，是集阅读学习、展示交流、聚会休闲、创意生活等功能于一体

的文化体验空间。

互联网时代的实体书店——大地书院的转型背景

目前，传统出版业面临着前所未有的挑战，实体书店同样在互联网时代遭遇困境，大量书店因经营惨淡、市场低迷、入不敷出而纷纷倒闭。实体书店的衰落，折射出全民阅读生态之轻。传统书店的思维模式是"卖场模式"和"产品模式"，书店的转型升级应从"卖场模式"转向"阅读文化体验空间模式"，从"产品模式"转向"用户模式"，为用户提供良好的服务。这对于传统书店来说，是一场思维的革命，不革命，一切转型升级都是空话。正是基于这样的考虑，大地书院果断开始转型。

互联网时代的实体书店，图书是黏合读者的媒介，书店是文化运营的平台，我们的经营思维要从"经营图书"向"经营读者"转变。因此，大地书院从单一卖书的纯消费空间转变为迎合现在读者的文化口味和多元需求的综合文化体验空间。作为出版社的文化平台，大地书院积极与国土系统各行业单位合作建设国土书屋与地质科技书屋。

专业的地学知识宝库

中国大地出版社、地质出版社作为国土资源部主管、主办的中央级出版社，以专业出版为主，教育（培训）出版与大众出版共同发展，策划编辑出版了一系列地质、国土资源和地球科学类教材与图书，荣获国家级、省部级优秀图书奖项近200项。

大地书院作为国土资源部中国大地出版社、地质出版社的文化窗口，依托自身的专业资源优势，打造地质领域图书种类最全、图书质量最高的专业型书店，是一座地质知识宝库。大地书院地学专业图书书库拥有国土资源、地质矿产类研究专著、工具书、珠宝玉石与古玩鉴赏、地学科普读物等1200多个品种，是业内最全的地学专业书店和资料库。地学研究人员在这里可以找到最新的国土资源管理和地质矿产方针、政策、法规文件。如《地球科学大辞典》《俄汉地质词典》《中国大地构造图》《地质调查工作方法指导手册》《岩石矿物分析》《中华人民共和国地质矿产行业标准》《不动产登记知识入门》《常用国土资源法规手册》等。重点图书《温家宝地质笔记》客观地记录了一个年轻地质队员的成长历程，反映了改革开放初期我国地质工作的变化和成就，字里行间包含着作者对祖国、对人民、对地质事业的赤胆忠心与力透纸背的无限深情。

权威的地球科学文化科普基地

作为转型后的实体书店，国土资源科普基地，大地书院以"地球科学文化"为主题，承担着地球科学及文化传播乃至意识形态导向的历史责任。

大地书院立足于中国大地出版社、地质出版社在地质、国土行业方面的得天独厚的资源优势,通过打造大地讲堂、科普园地、地学文创产品等,搭建地球科学文化空间,为幼儿、青少年和地质、国土行业系统从业人员及对地球科学感兴趣的读者提供最专业、全面的地球科学文化品牌服务。

"大地讲堂"定期邀请不同领域的专家,介绍行业最新政策与研究动态,通过线上、线下的宣传与推广,更好地发挥实体书店的文化服务功能,加速各地"国土书屋"及"地质科技书屋"的建设。科普园地积极创作科普产品,开展科普活动,并组织科普培训与地学主题相关的沙龙、讲座,推广引导式阅读,加强青少年科普工作。

有特色的文化体验空间

作为文化体验空间,大地书院为读者提供体验式卖书、买书、借书、看书等会员制、多方位服务及良好的阅读环境。以"打造阅读空间,创新文化体验,服务行业与社区"为目标的大地书院除了拥有最全面、权威、专业的国土、地质等地球科学主题图书,还与其他优秀出版社合作,销售文学、艺术、生活健康及青少年科普等多个品种的图书,并设立"借阅区",为读者提供图书借阅服务;"大地图书漂流站"让好书得以分享,方便读者以书会友。"大地影院"每月为会员、青年团体等提供重温经典影片的场所与环境。书院即将推出的24小时书店的模式,把书店的销售功能扩展为兼有图书馆的阅读功能,营造新型的城市文化空间,为广大读者提供优质的阅读体验场所。

地质主题生活馆销售时尚珠宝玉石首饰、茶叶、精品茶具等产品。多功能活动室能满足会议报告、课程培训、电影放映与表演等多种需求。书院不定期组织开展丰富的文化交流活动，如大地讲堂主题讲座、读书会、青少年科普活动、新书发布会、作者签售会、珠宝玉石鉴赏、服装首饰搭配、户外探险、摄影、运动健身、咖啡茶饮品鉴等，并提供茶艺、插花、绘画、烘焙、瑜伽等兴趣培训课程。

大地书院弘扬公益精神，倡导公益行动，推出公益主题会员卡，以"阅天地，悦自由"为主题，与各位读者携手共创绿色生活。大地书院在具体服务内容上体现着网络属性。读者及顾客可以在大地书院的微信服务号上进行点餐、预订座位及预约相关服务；成为粉丝后可以进行积分及享受相关回馈服务，积分可以兑换相应文化产品或主题沙龙活动入场券等；不同额度的储值卡享有相应返现金优惠服务。

独立的儿童阅创乐园

大地书院也是未来之星的摇篮。大地童书馆——阅创乐园以服务社区、服务周边青少年儿童及其家庭为基本目标，积极倡导全民阅读，以"让每个孩子都能读到经典图画书，体验阅读和活动乐趣，让每个家庭都能享受温馨的亲子时光"为基本理念，实现"服务一个孩子、带动一个家庭，辐

射一个社区,影响整个社会"的美好愿景,致力于成为儿童早期阅读的引路人和儿童多彩创意的守护者,把阅读的时间留给儿童,珍惜儿童的每一个创意,把大地童书馆打造成沟通家庭、学校的精彩活动平台和"第三空间",建设成为北京市知名的以儿童阅读、体验活动、创意课程为亮点和品牌的体验式童书馆。

大地童书馆采取"阅读服务+体验活动+创意课程"的模式,馆内精选逾万册优秀中英文儿童图书,为儿童提供优质的阅读环境、个性化的阅读服务,以及参观、游学、沙龙、户外体验、美术、亲子烘焙、绘本创意表达、科学探索等丰富多彩的体验活动和创意课程;以"立体阅读"和"多元创造"为特色,激发儿童的阅读兴趣,培养儿童的阅读习惯,发掘儿童的学习潜能,增强儿童的创造能力,为儿童的终身学习和发展奠定基础。

大地童书馆的研发团队以绘本阅读为基础,选取最贴近孩子生活、最符合孩子发展需要的内容,精心设计了覆盖儿童生活的分年龄、分领域的各类活动主题,作为每周会员活动的核心。根据这些主题,我们推出了绘本故事屋、绘本游戏、绘本美食、绘本手工、绘本电影、绘本剧表演、阅读比赛、教育沙龙、会员生日等一系列会员尊享服务内容。例如,在以恐龙为主题的活动周期间,大地童书馆开展地质出版社投资拍摄的4D电影《会飞的恐龙》放映欣赏,分享阅读经典图画书《你看起来好像很好吃》,创意绘制恐龙蛋、制作恐龙模型等多姿多彩的主题活动。通过丰富多彩的主题活动使孩子在阅读、游戏、创作、科学体验等多种方式的活动中，增长知识，养成良好的阅读习惯，激发独特的创造性和创新能力。

　　书店是一个城市、一个民族和一个国家灵魂的根基，是民族和国家精神传承的力量。大地书院拥有最全的地质、国土、土地、地图类专业图书及其他畅销书，主抓创意设计与文化产品，配备茶、咖啡、简餐，开展读书会、大地讲堂、科普园地等文化活动，将在今后的经营和探索中，不断进行定位、模式、运营、管理等积极有效的转型以及服务的升级，全方位打造"地球科学文化体验空间"，真正成为城市重要的公共空间及文化标志，在塑造本地精神文化生活中起到重要作用。

大地书院

地址：北京市海淀区学院路31号地质出版社一层大地书院
　　　（中国地质大学南门以西200米）
电话：010-66554506
交通：大地书院有"五道口"地铁站，有"成府路口南""成府路口西"
　　　"北京城市学院""北京语言大学"等公交站
营业时间：8:00—22:00

北京图书大厦
——全国第一书城

北京人称北京图书大厦为西单图书大厦。

我与北京图书大厦有过一面之缘：2006年3月全国"两会"期间，我编著的《聚焦政协委员》在北京图书大厦举行新书首发式。之后由于工作繁忙再没踏进大厦一步。没想到我与大厦负责人徐总经理的第二次握手竟在2016年冬季。一晃十年过去了，我们都万分感慨："弹指一挥间"这句名言用在我们两人身上，真是恰如其分。

我知道北京图书大厦地处西单商业中心和文化中心，销售来自中国及海外各个出版社的图书，大厦是周恩来总理生前关心并批准的建设项目，北京市的重点文化设施，但不知道其总建筑面积竟有5万多平米。

大厦于1998年5月18日开业，营业时间平时9:00至21:00，周末9:00

至22:00。曾获得"全国职工职业道德建设十佳单位""全国五一劳动奖状""全国模范职工之家""全国精神文明建设工作先进单位"等荣誉。

大厦是全国国有书店中规模最大、经营品种最丰富、最早运用信息化技术和管理模式的"第一书城"。

走进大厦看到是川流不息的读者和大包、大捆购买图书的顾客。但不知道如今很多人选择在网上阅读和网上购书,实体书店批量倒闭或缩减店面的今天,北京图书大厦还会"风景这边独好"吗?

我们看到和了解到:北京图书大厦以经营图书和音像制品为主,兼以各类文化产品为辅的多元化经营为特色。对图书出版物实行全门类、全品种经营,出版物陈列品种已达约33万种,可以较好地展示我国出版发行业的整体风貌。大厦于开业初期即全面实行计算机管理,开放式的图书商品陈列开北京市发行业超市化管理之先河。16000平方米的营业面积全部采用开放售书方式,一至四层分别经营社会科学图书、少儿读物和文学艺术类图书、文化教育类图书及音像制品和科学技术类图书。

大厦出版物销售场所集中分为: 地下一层——原版图书专区,是目前北京市最大的综合性原版图书零售场所之一。近千平方米的购书大厅宽敞明亮,设计装修中西合璧,浓烈的现代感中时时弥漫着氤氲的书香,整体购书环境独特而又典雅。全场分为读物区、生活区、艺术区和社科区,集中了英、法、德、日等十几个语种的1万多种原版出版物。其中包括:社会科学类原版图书、经济管理类原版图书、科技类原版图书、医学类原版图书、文学类原版图书、少儿类原版图书、综合教育类原版图书、生活类原版图书、艺术类原版图书、各类原版教材和原版期刊杂志。这些图书均设专架陈列。

一层经营社会科学图书。其中包括：领袖著作、哲学政治、法律军事、史地文化、经济管理、财务管理、贸易金融、地产物业、旅游地理、民族图书、精品图书、百科全书。

二层经营少儿读物和文学艺术类图书。其中包括：低幼读物、学前教育、儿童文学、少儿美术、少儿科普、文学理论、中外文学、诗歌散文、艺术理论、音乐舞蹈、美术摄影、书法篆刻、古籍鉴赏。

三层经营文化教育类图书及音像制品。其中包括：教育理论、课本教材、外语教材、学生词典、各科辅导、综合教育、音像制品、电子读物。在三层西南侧开设了数码产品专区，主要经营数码相机、数码摄像机、MP3、移动硬盘等各类数码产品。

四层经营科学技术类图书。其中包括：科普读物、天文气象、地质矿产、生物工程、医药保健、农业林业、石油化工、金属工艺、机械工业、动力工程、电力工程、建筑工程、水利工程、计算机、轻工纺织、交通运输、航空航天、环境科学、高等数理化、体育健身、生活用书、家用电器、标准规范、各类地图、期刊。

自1998年5月18日开业以来，北京图书大厦已接待中外读者9000多万人次。

经营特色使北京图书大厦成为广大爱书人的购书首选：品种齐全的各类图书，科学文明的管理理念，优质到位的服务水平和文明优雅的购书环境，同时，书店是连接出版社与读者的桥梁和纽带，北京图书大厦一直以"播撒知识、传播文化、传承文明"为己任，从商品营销走向

品牌营销,不断加大对公益事业投入力度,创造出经济和社会效益双赢局面。大厦每年都组织新书首发式、作者签名售书、专家讲座、互动等各种形式新颖的活动近500场次。此外,大厦还一直坚持以青少年校外教育为己任,创建了"星光青春自护学校"。每年,由大厦组织的"专家讲师团"积极走向社会、走入校园,深入到18个区县的学校和社区,多次巡回举办科普、青少年文学和自护技能讲座,获得了社会各界人士的好评。

多元化经营:北京图书大厦打破了传统书店单一的经营模式,利用场地优势为读者提供更多不同的产品、服务和体验。这种新模式是以书业为核心,引进的项目、品牌都是围绕阅读与生活,以文化品位和空间体验为考虑进行了精心挑选,引进了文具品牌专卖店、咖啡厅、休闲水吧、电子产品、儿童玩具、体育用品等,并将开创自有文创品牌,它们与图书的销售是互为补充、积极协同的。通过多元化经营,拓展了北京图书大厦的服务项目,增强了适应外部环境的应变能力,有效地提升了大厦的品牌竞争力。此外,北京图书大厦还将围绕图书文化的主线积极拓展多业态发展,引入更多大文化范畴的产业形态,强化书店的文化氛围,增强读者的感性体验,挖掘与图书相匹配的经营点,通过业态创新和经营模式创新,让读者来书店充分享受到文化休闲的乐趣。

网上书店:北京图书大厦网络技术有限公司于1999年3月9日开通。

她依托北京图书大厦实行国内版全品种和国外版图书经营的品种实力，云集了全国500多家出版单位出版的30多万种图书、音像制品和电子出版物，充分展示了我国出版发行风貌。并且拥有安全、快捷的网上支付方式。网站的经营理念是充分发挥"大、全、新、快"的优势，最大限度地满足读者需求。

运营模式：根据北京图书大厦拓展电子商务和提高信息化水平的发展战略，北京图书大厦网上书店注重发挥图书大厦的资源优势，多年来对各界读者的服务中积累了丰富的经验且信誉良好。在读者享受"鼠标＋水泥"式的服务背后，是耸立在长安街上5.2万平方米的大厦、2万多平方米的库房。网站同时开展的BTOB.BTOC业务，致力于为客户提供优质、便捷的服务。

分类情况：在图书分类中，大厦采用了既尊重了中图法22大类的分类方法，又考虑到了读者的分类习惯相结合的方式，使网上读者能够像到了物理书店一样，很容易地找到自己所需要的图书。另外，搜索引擎更会帮助读者轻而易举地找到所需。

支付方式：可以使用的网上在线支付如下：送货上门货到付款，邮局汇款，银行电汇，微信支付。

北京图书大厦

地址：西长安街17号（西单路口东）
电话：010-66078477
地铁：1号线"西单"站B出口，步行225米

京城特色书店——政协委员与实体书店

调研书店的委员、专家篇

古旧书业是一个城市的文化符号，可能给城市的GDP、税收、利润带来不了多大的影响，但它会在我们中华民族文化的传承上，为子孙后代的教育上留下深刻的印记，起到不可替代的作用。

——于华刚

中国书店的掌门人于华刚
——古旧书业的传承与发展

于华刚同志现任中国书店总经理，兼任中国书店出版社社长。作为我国最大的古旧书店中国书店和北京专业古籍出版机构中国书店出版社的掌门人，于华刚同志在古旧书经营以及古籍出版等领域取得了颇为出色的经营业绩，被人们称为"京城传统文化的专家式文化商人"。

1976年，年方20岁的于华刚迈进了中国书店的大门。他从基层门店发行员、业务员做起，虚心拜古旧书业的老专家、老师傅为师，从图书的库管、发行、门市图书陈列、机关团体服务以及古旧书基础知识、古旧书的收购、版本鉴定等一项项逐一开始学起，短短几年便成为书店同龄人中的佼佼者，为他今后几十年从事古旧图书发行、出版工作打下了坚实的基础。由于潜心钻研和刻苦努力，于华刚同志在经营管理和专业业务能力方面显示出卓越的才华，1979年他便开始担任基层门店管理干部，1996年8月走上了总店领导岗位，此间先后担任过中国书店副总经理、中国书店常务副总经理，2004年12月，于华刚同志担任中国书店总经理，2006年4月兼任中国书店出版社社长。

总经理于华刚回忆当年来中国书店工作时的情景，至今还是历历在目。他师从雷梦水、裴子英和李魁凤等老师傅学习古旧书知识，老师傅们首先教他万事德为先，做人要堂堂正正，不欺不瞒，以此为切入点，先教他"做人"后培养他们对古旧文物的爱惜之情。每天上班后，他总是先给各位师傅倒好开水，然后打扫卫生、整理书架，一切收拾停当后，师傅们开始拿出古书或者书影讲授古书知识。师傅们毫无保留地讲，学徒们如饥似渴地学。对于旧书店的店员来说，"背书架"是主要课目，满目皆是书籍，什么书放在什么位置，都要做到心中有数，对答如流。

于华刚回忆说，雷先生能如数家珍地说出各种清末史料和流传下来的文献，裴先生擅长宋版书的鉴定，李先生讲古书的市场流通、查配古书以及如何给古书定价。几年下来，奠定了于华刚从事古旧书深厚的业务基础。

在这里，他认识并爱上了古旧书。从基层的营业员、库管员、门店组长到总经理，于华刚在中国书店工作了40多年，查配过无数套珍贵古籍、明版书、殿版书。也是在这里，他深切了解到什么样的古籍才是当代学人迫切需要保护和传承的。

俗话以"黄金有价书无价"比喻古旧书是暴利的买卖。可中国书店作为中国古旧书业第一大店，店大不欺客，毛利始终保持在30%~40%。收书不捡漏、不压价，卖书也绝不唯利是图，先考虑学术机关、学者，力求做到书尽其用。

现在很多博物馆、图书馆中收藏的珍品，是通过中国书店收集上来的，而背后有着许多不为人知的艰辛。著名的《好大王碑帖》的收购过程，于华刚至今记忆犹新。那是1992年的隆冬，于华刚得知山东某县有人要出售《好大王碑帖》，赶忙和两名同事连夜驱车前往。路上开的是一辆四面漏风的面包车，当时没有高速公路，全是颠颠簸簸的土路。由于天气特别寒冷，又是通宵开夜车，他怕司机犯困，就坐在旁边不停地跟司机说话，一宿没停，嗓子都说哑了。第二天下午到达目的地时，手脚几乎全都冻僵了，但他们分秒没敢休息，立即看货作价。等碑帖上了车，他们也都困了，因为一天一夜没合眼。类似的经历对于华刚和中国书店的员工们来说是家常便饭。邓拓曾有感于中国书店员工的辛苦，赋诗道："寻书忘岁月，人莫笑蹉跎；但满邺侯架，宁辞辛苦多。"

这样发生在身边的"继前人遗愿，续百年经典"的故事，真是说上三天三夜也说不完。

中国书店的员工除了外出收书，还经常上门送书。这样，往往成了很多领导、学者的座上宾。于华刚回忆，有一次他去启先生家送八股文的书，两个人就聊起了八股文，越聊越投机，聊得启先生不舍得放他走。

改革开放之后，中国书店经历了市场化的洗礼。此时，到海外收购中国古籍，并使之更好地传播，成为中国书店的一项重要使命。与此同时，让中国书店发展壮大，在经济上获益同样是于华刚身上的重担。

回忆中国书店的行业发展历程，于华刚想起2007年，他和另两个同事，在日本东京一家书城，看到一套乌金亮墨拓本《敬胜斋法帖》，这套书共40册，黄绫锦缎夹板，市场流传十分稀少，据文献记载馆藏仅有6部，此前从没有见过这套书的全本。这套书买回国内之后，有人闻讯立即提出加价50万元收藏，于华刚没卖。他首先将这套书按原样影印出版了一百多套，又为普及大众而影印出版了精装本2000部，之后还根据前20册编辑出版了《乾隆御制诗文法帖》以及8种碑帖，诗文边做了释文，铅字排印，便于习惯简体字的年轻读者和临摹碑帖对照，给书法爱好者和历史爱好者提供了方便。

与经济效益相比，于华刚承续了中国书店的传统，更注重民族文化遗产的发扬光大："这些古籍有其版本学和文献价值，它也产生经济价值。但是，我们把这些书出版发行了，让社会上更多人知道这些书，对古代文化进行研究和传播，这更为重要。"

于华刚的观念，首先得到了专家学者的赞扬，同时也得到了多数收藏家的认可。

为了纸寿千年

为什么一定要出版线装本？于华刚手里拿着一本线装书说："出版手工宣纸线装本，延长书籍的寿命，是一个出版人的理想。"

2010年，中国书店将在海外购回的元孤本《类编图经集注衍义本草》进行保护性修补后，系统规范地整理，依原样复制影印出版了300套，更好地发挥和释放这部珍稀古书的学术作用和文化价值。

中国书店从民间搜求到一部木活字版的程甲本《红楼梦》，书品保持完好，版本价值突出，传世极少，中国书店依原样以线装影印的方式将此书重新刊行，并且根据市场需要，相继推出了精装本和平装本，为红学研究者提供了一部最接近于程甲本原貌的优秀影印本，深受读者欢迎。

于华刚介绍说："民国初期以来，随着技术的发展，纸张的成本不断降低，但与此同时一些平装书的传承时间也变短了。你看宋元版至今已800多年还保存完好，保存好的明版白棉纸本就如同新书一样。"

在谈到中国书店的实体门店已经从20世纪90年代的25家锐减到现

在的14家时，于华刚依然认为古旧书实体店是可以维持的。在电子化信息化时代网上购书也好、看电子读物也好，代替不了纸质读书，阅读方式纸质读书是深层次的，电子阅读是浅阅读，到底在脑海中留下多少印象？有没有在淘书过程中享受到这个乐趣？他感觉一个文化人在逛书店时淘书翻阅的过程是一种享受，这种感觉是不可代替的。

电子阅读是科技发展的产物，阅读便利、搜索方便。电子书和纸质书是并存发展的，谁也代替不了谁，互助，互相协调才能发展。

于华刚在中国书店开创了很多第一，思维与时俱进，敢想敢做，原因就是他愿意回馈。他认为自己的本事是中国书店教的，中国书店把他送到大学学习四年，从高中生培养成一个大学本科生，他拜师学的是古书鉴定，长者把他们的技艺都交给他，他的字画鉴定，几位前辈都曾经给予指导。在与大家交往过程中，自己跟人家请教，像启功先生，把他看字画很特殊的技艺方法都教给于华刚。长者无私地教给他的，他需要抱着感恩之心，无私地回馈给社会。

他认为，古旧书业是一个城市的文化符号，可能给城市的GDP、税收、利润带来不了多大的影响，但它会在我们中华民族文化的传承上，为子孙后代的教育上留下深刻的印记，起到不可替代的作用。

在世界范围内古旧书业是一个城市的文化符号，存在与否，显示出整体民族的素质、一个城市的素质。所以说在城市整体规划同时，希望有识之士给古旧书业留下一方净土，留下它们生存的基地。

再次聊到孙殿起老先生编的一本《贩书偶记》，他的老师雷梦水先生编了一本《贩书偶记续》。于华刚认为自己的师傅雷梦水先生和孙殿起老先生都是专家，在一个特殊的年代整理出来，花费了他毕生的精力。自己编不了《贩书偶记》，也编不了《贩书偶记续》，自己是杂家，70年代、80年代学古籍书本鉴定，80年代成为书店经理，开创书店营销策略的第一。80年代、90年代做书画，在书画藏家的著录中都曾引录过于华刚说如何、如何；开过小商品批发市场，做过多种营业，现在还兼任出版社社长，又担任多种职务，是多元经营的管理者。

他承认自己是一个出版人、古籍鉴定的专业人员，用其他多元经营收益支持中国书店古旧书业的发展和出版,一个年销售2个多亿,300多名职工的书店,任总经理又兼出版社社长,全国的576家出版社就华刚一人。至于中国书店走过60多年,未来还能不能走下去,需要积极开拓新印古籍的发行和古旧书拍卖等经营领域,需要一代一代从业者的坚守。希望中国书店作为老字号企业能成为百年老店,希望中国书店能走得更长久。

他坚信老师傅们留下来的书店会越办越好。相对于古旧书业来说,还非常年轻,拥有无可限量的未来,它会为更多的古书爱好者提供一个更专业、更具诚信的交易平台。

唐召明 摄

因为阅读,我才日益变得成熟和深刻,不那么浅薄和粗俗;因为阅读,我才耐得住寂寞和清苦的日子,不为世俗所迷惑和左右;因为阅读,我才始终对前途充满希望和信心,度过人生中最艰难和困惑的时期,阅读将会伴我终身,直到生命的终结。

——刘明清

北京市政协常委刘明清

——政府扶持实体书店可有多种方法

业内外人士对大名鼎鼎的文化人、资深出版人、海天出版社副社长、大道行思传媒法人——刘明清一定不陌生；对职业读书人、不为世俗所左右的人、关心人类命运的人——刘明清一定更不陌生。但对刘明清在担任北京市政协常委期间撰写了可以载入史册的政协提案，可能还不是很清楚。

我在担任北京市政协委员期间曾经采访了300多位全国各级政协委员，并将他们的优秀提案和感人的故事撰写出版了《聚焦政协委员》《政协委员和他们的提案》等多本著作。

在此次调研、考察北京市实体书店的活动中了解了刘明清委员《关于资金扶持实体书店的提案》产生的始末以及提案背后的故事，见证了可以载入史册的这一政协提案的落实。

真正的知识分子，应该是那些关心人类命运的人。

刘明清作为北京市政协常委、北京市政协文史和学习委员会副主任、新闻出版界召集人、北京市人民政府特邀建议人，他积极了解社情民意，积极反映实体书店经营者诉求。

刘明清是新中国知识分子1960后的先进代表，当他看到实体书店面临前所未有的艰难局面时，心急如焚。在2011年11月13日接受《北京晨报》记者采访时，他表示："实体书店是一座城市的文化标志，国家应尽快出台相关政策，给予扶持和保护。"他建议，将文化消费的选择权归还给读者，从文化消费终端拉动整个行业的发展。他大胆建议政府试行"读书券"制度，把买书的权利还给民众。虽然至今"读书券"制度没有实施，但他在北京市第十二届委员会第四次会议上提出的《关于资金扶持实体书店的提案》在2016年12月得到了落实。

西谚有云:"闻香识女人。"刘明清常说:"以书观人。"刘明清在他撰写的《从愤青到思想家》《穷人·穷人·富》著作中说:"因为阅读,我才日益变得成熟和深刻,不那么浅薄和粗俗;因为阅读,我才耐得住寂寞和清苦的日子,不为世俗所迷惑和左右;因为阅读,我才始终对前途充满希望和信心,度过人生中最艰难和困惑的时期,阅读将会伴我终身,直到生命的终结。"

我坚信,作为关心人类命运的职业读书人刘明清委员一定能够继续为人民撰写出"为百姓解难,为政府分忧"的,具有前瞻性的优秀政协提案。

" 关心人类命运的职业读书人 "

北京城是个文物宝贝,北京古书籍也是文物宝贝,而且文物价值不可估量。

——宋大川

北京市政协委员宋大川
——自幼爱读书　永远爱祖国

宋大川能参加对实体书店的调研活动，我们很荣幸。

宋大川是连续三届的北京市政协委员、北京市政协文史委副主任、北京市文物所所长、著名文物专家、博士生导师、享受国务院特殊津贴专家、北京市人民政府专家顾问。

无论是刮风下雨还是酷暑严寒，他都积极参加我们对实体书店生存与发展的调研活动，并积极建议"政府免费给实体书店提供100平方米场地，点亮城市书店的灯光"，使我们很感动。

宋大川著名的优秀提案是《保护北京地下文物》，著名的语录是"要动土，先考古"。我曾撰写《文物专家宋大川：爱国到永远》《宋大川——北京地下文物的守望者》等文章，跟随他一起号召、呼吁全社会加强对我们中华民族宝贵文物的保护。

宋大川给所有人留下的印象是"文质彬彬"：衣着朴素，言谈举止温文尔雅，尤其他那张戴着眼镜的脸上，显示出中国文化人特有的儒雅气质。

我对他取得的超人的学术成就很敬佩：他著有《清代园寝制度研究》《清代园寝志》《金代陵寝宗庙制度史料》《瀛环志略校注》《唐代教育体制研究》和《中国命相研究与批判》等学术专著7部。主编《北京文物与考古系列丛书》《北京考古发现与研究》《北京文物精粹大系·青铜器卷》《中国出土壁画·北京卷》《北京出土文物》等60余部；发表《中国风水学说研究》《金代皇陵研究》等学术论文90余篇；承担北京市社科规划重点项目"清代园寝制度研究"、北京市社科规划项目"清代园寝志"和北京市优秀人才项目"金代皇陵研究"等。所著《中国教育制度通史·隋唐五代卷》获2002年国家图书奖。主持科研项目《北京考古史》《北京考古志》等等，曾获国家级图书奖，山东省优秀图书奖。

他曾经有多次为了"淘书"而节衣缩食的故事……

宋大川 1956 年出生在北京市廊坊头条一个知识分子的家庭。父亲在文化部工作，母亲在图书馆工作。1959 年，他随父母作为北京的外援干部"下放"到山西。

1974 年，宋大川高中毕业后，分配到山西省测绘局，每天要爬山来回走 20 公里去测量。他自幼喜欢读历史书。有一次，他在潞城县书店发现了由美国三位著名史学家海斯、穆恩、韦兰联合写作的《世界史》，于是，他花了当时自己一个月的伙食费——5 元钱，买下了这套上中下的《世界史》。

这套《世界史》从人类文明产生到 1945 年第二次世界大战结束，划分为文明的开端、古典文明、基督教文明、近代文明四个阶段加以介绍，尤其以西方文明的发展路径为重点，让宋大川耳目一新，大开眼界。

再例如，1983 年冬天，宋大川在中国书店"淘来"由孙殿起著的，由北京古籍出版社出版，新华书店发行的图书《琉璃厂小传》，当时售价 2 元钱，却让宋大川过年少买了一件新衣服。而现在市场上不但难觅其踪，售价也飙升了多少倍。

宋大川说起爱书的故事，就想起了老师胡如雷爱国的往事。

宋大川 1984 年考硕士生，他的导师是全国政协第七届和第八届常委、著名隋唐史家、历史学家胡如雷教授。

1998 年去世的胡如雷教授是阎锡山的外甥。1949 年阎锡山从大陆溃退到台湾时给胡如雷留下房产 300 多间，但他固执地认为很快就要进入共产主义了，故将房产全部捐给了新中国。胡如雷的夫人去世后，胡如雷对他的子女说："你妈妈真可怜啊，嫁了个有钱人，穷了一辈子。"

"肃反"运动时，有人说胡如雷是阎锡山留下的特务，被关在监狱里，半年后才释放。尽管新中国成立后的历次政治运动，胡如雷都是当然的"运动员"，历经坎坷，但他爱国的初衷不改。

宋大川说他的爱国情结来源于自己的导师胡如雷教授。他的爱书情结来源于自己"想干事儿"。他认为只有读书才能"丰满"自己。宋大川的习惯就是整天"泡在"书店、图书馆里看书，如饥似渴地学习和研究历史、研究传统文化、风水、易经及相术。

1999年北京市首次公开招聘"双高"人员。宋大川考入并担任北京市文物所的所长。他利用自幼学习堪舆学的知识，于2002年在北京的房山找到了五座金代皇陵。现代的科学家们用三种办法：雷达、电磁法、传统的洛阳铲印证了宋大川的勘探结论。结果，抢救性地出土了历史文物。部分文物在首都博物馆展出。

北京有800多年的建都史，3000多年的建城史，从周口店猿人算起有70多万年的人类活动史。宋大川教授认为：北京城是个文物宝贝，北京古书籍也是文物宝贝，而且文物价值不可估量。所以他表示将继续积极建议"政府免费给实体书店提供100平方米场地"让北京城到处点亮实体书店的灯光！

" 让喜欢读书的人，找到好书。"

畅销书是可以反映一个时间大众的阅读热点、题材的变化,也可以反映社会热点的变迁。

——蒋艳平

开卷公司总经理蒋艳平
——用数据与信息改善书店经营

在对北京实体书店的调研中认识了北京开卷信息技术有限公司（简称开卷）总经理蒋艳平女士，得知开卷现已拥有国内最及时、最全的书目信息库，该书目库涵盖书目信息已达 320 万条。

开卷成立于 1998 年，服务于出版社和书店，是国内图书产业市场数据、信息和咨询服务第一提供商。

开卷建立了全球最大规模的中文图书市场零售数据连续跟踪监测系统，目前该系统已涵盖中国大陆地区 1200 多个地县城市的 3000 多家图书销售单位，开卷以此系统为基础发布的畅销书排行榜是目前国内最权威的图书排行榜。

19 年来，开卷专注于图书行业的信息服务，服务对象已包含行业主管部门、海内外多家出版集团与图书出版单位 700 多家、3000 多家实体书店、20 多家在线图书销售平台、各大数字内容运营销售平台以及部分作者，为书业上下游提高选题策划和发行营销水平、有效选择版权并进行价值评估、改进业务流程、提升经营效率提供了帮助，成为书业值得信赖的品牌。

蒋总对我说：" 开卷的数据可以用于科研单位的相关课题研究。同时，数据本身也可用于研究，比如从 1998 年至今每个月的畅销书排行榜的研究，就是一件有趣的事情。畅销书是可以反映一个时间大众的阅读热点、题材的变化，也可以反映社会热点的变迁。" 对此观点，我很认可。

2016 年初，蒋总在调研时将北京市实体书店划分五种类型。

1. 综合书店，指与市政建设和文化建设规划配套的重大出版物发行网点，包括标志性书城、大型书城和综合性书店。综合书店为经营全品种图书的书店，规模较大，北京市的综合书店主要是新华书店，也有一些大型民营书店。本次选取营业面积在 1000 平方米以上的大型书店作为综合书店。

  2. **专精特新书店**，指富有经营特色、形成专业定位、具备品牌影响的书店。其中"专"是指经营方向的专业化、专向、专长，"精"是指销售产品的精品、精细、精致，"特"是指服务的特色、特点、特长，"新"是指经营模式的创新、新颖、新型。专精特新书店中既有专门销售某一类专业图书的书店，面向的读者群专业化程度比较高，如法律书店、建筑书店等，也有面向大众的社科文艺类书店，销售图书以畅销书和社科文艺图书为主，在经营上通常有自己的偏重和特色。这类书店通常是中小型书店，主要服务于有较高文化需求的读者，这些读者对书店环境和选品有比较高的要求，也具有较高的消费能力。

  3. **区域书店**，指坚持文化便民，在社区、学区、商区、交通枢纽等区域经营的书店。区域书店通常是规模较小的书店，主要服务所在区域附近人群。这类书店因经营面积小，图书品种也较少，在选品上会根据所处位置而出现较大差异，主要涵盖该区域读者所需的常见图书类别，例如高校书店多经营教材和专业图书，机场店经管和成功学等类型图书较多，商场店主要是畅销书和社科文艺类，社区店则偏向生活类图书。此外，在多元经营上，不同地区的区域书店也会选择不同的附属商品，如高校书店多兼营文具，机场店则会有较多的期刊销售。

  4. **郊区书店**，指郊区镇和乡所在地的书店。郊区新华书店也属于全品种经营的书店，只是在地理位置上与城区综合书店有所区别。郊区县读者在文化教育水平上相比城区略低，对图书的需求也与城区有所不同，因此，郊区县书店在选品上有自己的特点，比较偏向教辅、生活和大农业等类型图书，与城区书店有一定区别。

  5. **农村书店**，指郊区自然村的图书发行网点。

  通过数据分析发现：第一，区域书店数量最多，约占整体的五成；第二，实体书店数量和出版物销售额均有所下降。

  将2015年年检数据与2014年年检数据进行对比，北京市实体书店总数减少。细分到不同类型书店来看，郊区书店的数量减少，专精特新书店、区域书店和农村书店均有所增加，综合书店数量未发生变化。

另一方面，与2014年年检数据相比，出版物销售额有所下降，实体书店的图书销售额之和较2014年减少了7000多万元。细分来看，销售额的下降主要来自综合书店、专精特新书店和郊区书店，区域书店和农村书店的销售额同比有所增加。

将这些实体书店按照所在区进行划分，可以看到，海淀区实体书店数量最多，其次是朝阳区和西城区。东城、西城两个传统的老城区是北京市文化底蕴最为浓厚的地区，但受制于面积，难以容纳过多企业。从出版物销售额来看，西城遥遥领先，海淀排名第二，与西城有较大差距，主要是受到综合书店的高销售额带动所致。西城共有三家综合书店，其中北京图书大厦有限责任公司更是全市销售额最高的实体书店。

近年来网上书店蓬勃发展，凭借低价给实体书店带来巨大的竞争压力，再加上房租、人工等经营成本的不断上涨，使得实体书店经营困难，部分民营书店出现倒闭。在此背景下，朝阳和延庆的实体书店整体出现亏损。

实体书店目前依然对满足人民群众的文化需求发挥重要作用，设置在社区、学区的区域书店是读者获取所需图书的最快途径，在经济欠发达的郊区地区，实体书店更是传播知识和文化的重要渠道。从现状来看，对北京市实体书店进行扶持仍是必要的，这种扶持可以采用补贴或者奖励的方式进行，以便更好地促进北京实体书店的整体发展，进一步推广文化建设，充分发挥北京市文化中心的作用。

蒋总建议在扶持实体书店的过程中，区别对待不同地区、不同类别的书店。对于经济文化发展较好的朝阳、海淀、东城、西城等区，可以通过奖励表现突出的书店，鼓励特色书店的进一步发展，引导其他书店创新经营理念、推动产业转型升级；而对延庆、门头沟等远郊区，可以用补贴支持的方式，帮助实体书店解决生存问题，进一步寻求发展。通过开展扶持工作，将有相当数量的实体书店实现可持续发展，并逐渐走上品牌化、特色化发展之路。

我对蒋总的建议很认可，也很支持。

开卷有一本内部刊物叫《开卷文摘》。作为开卷为书店提供的服务之一，《开卷文摘》从各大类媒体中选择对书店经营有价值的信息和文章，集合成一本16开64页的刊物，每月印刷6000多册，免费送给书店的经营管理者。这项服务，开卷已经坚持了17年。我喜欢《开卷文摘》的内容，例如2016年11月30日第196期《开卷文摘》的文章《书店如何设计，才能满足读者》。

文章说：当前，全国各地实体书店正掀起又一轮升级改造的热潮。随着"最美书店""文化圣殿""文化地标"等赞誉被赋予少数书店，实体书店也兴起一股学习、变革、超越的氛围，不少经营者寻访那些成功的案例，观摩学习，思索自家店面升级改造的方向。其实，与其赞叹那些美丽的书店，不如通过科学的策划和设计，让自家的书店变得同样美丽而独具特色。如今的实体书店，需要通过创意设计满足读者的新式消费诉求，从而达到吸引读者进店的目的。

真正能够撼人心灵的空间氛围，需要创意的灵魂、思想的厚度，这样的书店才能持久地得到顾客的青睐。当前，读者越发注重高情感的环境，到店里来消费的不仅仅是物质、商品，而是越来越倾向于品质、精神和文化的消费，趋向于一种情怀的诉求。因此，满足读者新式需求的卖场，才能获得较高的社会效益和经济效益。

一个美观而又富有文化性、艺术性、时代性的书店，需要深谙实体书店的设计团队进行研究和创意，并且需要把握地域文化、业态布局、动线组织、空间气氛等几个关键的环节。

文化是民族之魂，书店是城市的图腾。体现地域文化是构成店面独特魅力的重要一环。一方面，卖场所在城市和区域的主要客户群体，对本地的文脉有与生俱来的亲切感、认同感，极易产生亲和力。尤其对于少儿群体，将地域文化融入书店设计中，可以从小培养他们的消费习惯；同时，也利于地域文化的传承与发展，从而发挥书店作为文化传播场所应有的社会价值。另一方面，对于游客而言，一个书店能够很好地传达地方特色文化和艺术成就，这些要素构成了书店具有鲜明个性的文化名片，这样的书店才能给游客或参观者留下强烈的印象，使其受到地域文化的感染，爱上书店的氛围。需要强调的是，在书店里彰显地域文化，首先需要对当地文化进行梳理、发掘、提炼和再创造。

多元业态是丰富书店经营内容的一个重要方向。而在体验式经济时代来临的今天，书店将越来越趋向于以人为本的设计。因此，业态的纳入和分布应该以顾客为中心，不同业态之间的区划关系就像人体构造一样，是一套有机组合的生命体。书店卖场空间总体构成一个气场，贯穿其间的主副通道犹如人体的经络，应保证通畅的可达性，避免出现迂阻或死角，要富有动感和情趣。不同的业态和区域，围绕着目标客户群体的审美倾向、行为特点、志趣爱好，营造不同的氛围。区域之间、业态之间，要形成较强的延续性和黏结度，顾客沿着设计好的动线行进，就像气脉运行，贯通、流畅、意趣盎然，产生兴致勃勃的感受，如同在公园里游玩的惬意，避免单调乏味。

另外，说说开卷的2017年全国书店经理人年会。开卷不仅为行业提供数据、信息与咨询服务，也为行业提供交流沟通的平台。"全国书店经理人年会"是开卷每年举办的十多场行业会议活动中的一个。"全国书店经理人年会"旨在帮助书店经理们在每年年初了解行业趋势与动态、互相交流工作进展。每年的书店经理人年会都吸引了全国各大书店的董事长、总经理等经理以上管理人员500至600人参加，成为每年北京图书订货会期间最受欢迎、影响最大的活动之一。2017年1月7日，北京开卷举办的"全国书店经理人年会"和"中外图书零售市场报告会"分别荣获图书订货会期间"十佳活动"和"最佳活动"的荣誉。北京开卷更是在"北京图书订货会 30 年回顾"中荣获"特殊贡献奖"。

在移动互联网高速发展的背景下，读者的消费观念和习惯在发生着变化，书店的定位、商业模式、体验文化也在不断发生改变。本届年会以"寻找未来的书店"为主题，开卷董事长蒋晞亮先生及特邀嘉宾深圳出版发行集团公司总编辑陈新亮先生、方所文化处总监徐淑卿女士就"目前'互联网+'环境下书店新定位的商业逻辑设计"展开主题分享；会上开卷副总经理杨伟女士还发布 2016 年度中国图书零售市场分析报告，解读并点评当前市场热点，发布各类年度数据榜单；结合国外图书市场表现，发布英美等国家图书零售市场分析报告。

全国书店经理人年会历届主题

1. 2002 年 入世后中国书业的展望
2. 2003 年 书店的营销企划及卖场布置
3. 2004 年 书店采购业务管理
4. 2005 年 书店做大零售的机遇与挑战
5. 2006 年 关注读者·关注信息·关注市场
6. 2007 年 中国图书市场年度分析及预测
7. 2008 年 图书零售市场竞争格局与细分市场演变
8. 2009 年 十年，我们见证中国书业成长
9. 2010 年 多元时代的图书零售
10. 2011 年 低增速时代的图书零售市场
11. 2012 年 变革中的探索——互联网时代下实体店的生存发展
12. 2013 年 迎接变化，拥抱创新：渠道变革期书店经营形势与应对策略
13. 2014 年 提高效能，卓越管理——书店应对互联网变局的必然选择
14. 2015 年 提升效率，强化经营——也谈多元时代的图书零售
15. 2016 年 重构互联网时代的书店价值
16. 2017 年 寻找未来的书店

北京印刷学院以全国优秀教师、北京市人才强教计划高层次人才为核心的教学科研团队,已建成了学历、年龄、职称结构不断优化的人才队伍。

——田烈旭

印刷学院教授田烈旭
——新技术拓展让书店涅槃重生

北京印刷学院隶属于北京市，是由国家新闻出版广电总局（原国家新闻出版总署）和北京市人民政府共建的全日制普通高等院校。该学院的田烈旭教授作为评审专家积极参与了对北京实体书店的调研，并撰写了《十字路口的实体书店》一文，现与读者分享：

实体书店的"倒闭潮"

2017年1月5日，一篇题为《挽留人大独立书店！静闲斋书店或年底关店》的文章在中国人民大学学生的朋友圈内流传。无独有偶，一篇名为《救救野草》的帖子年前也在北大校内的论坛内被频频转载，一度被顶上了未名BBS十大热门话题——被称为"燕园最后的实体书店"的野草书店同样面临倒闭的命运。

2015年6月，中国高校传媒联盟针对高校校园实体书店的生存状况进行了调查，结果显示：100所高校中30%的高校内不再有实体书店，78.57%的高校以教辅类书店为主。而北京青年报记者在寻访海淀区高校校内及周边的民营书店时发现：在短短5年时间内，50%的书店从高校的"文化版图"中黯然"消失"了。笔者对山东省几个县城的书店调研发现，除了学校周围零星存在着个别的教辅书店，非教辅书店所剩无几。据中华全国工商联合会书业商会的调查，在过去十年里，有50%的民营书店倒闭了，而停业倒闭的趋势依然还在继续。另一份来自上海的调查显示：上海原先有1万多家书店，如今萎缩到近2000家。

实体书店到底怎么了？它们还需不需要保留？是任凭它们像钢笔、唱片一样走进历史，成为记忆？还是经过新技术的洗礼，书店涅槃重生，沐浴新生活的阳光？

生存还是毁灭，对实体书店而言，真是一个不可忽视的问题。

实体书店经营困境的原因分析

一、难以承受的房租成本

分解实体书店的成本项，首当其冲的就是高额的房租。2015年千家实体书店大会的调查显示：书店房屋的租金占到了整个经营成本的30%到40%，甚至有书店老板称：房租成本几乎占了所有经营成本的70%以上。更为严峻的是，随着房价的飞涨和物价的提升，房租也年年都在上涨。开卷数据的总经理蒋艳平撰文称："粗略统计来看，近年来店面租金普遍达到5%～20%的年增长率。"宁波枫林晚书店的老板称："2013年，其书店所在商业街的租金上涨了4倍。"沈阳席殊书屋的经理说："房租是实体书店最大的痛，房租年年都在涨，多少书店都是被房租这根最后也是最要命的稻草压垮了。"

二、读者阅读及购买行为的转变

1. 读者阅读行为的转变

在新媒体变革时代，整个社会阅读方式发生了深刻的变化。第十二次全国国民阅读调查发现：2014年数字化阅读方式（网络、手机、阅读器、光盘、Pad等）的接触率为58.1%，从每天人均阅读时长上看，网络为54.87分钟，手机为33.82分钟；与此相对的是，人均每天读书时长为18.76分钟。数字化阅读是图书阅读的4.7倍。到了2016年4月，由亚马逊发起的"全民阅读大调查"结果显示：阅读电子书的受访者比例连续三年增长，达到84%，有近九成受访者表示未来计划阅读更多的电子书。来自市场销售数据显示，在刚刚过去的2016年中，当当电子书的用户总量同比增长55%，超过4000万；电子书的下载量超过1亿册，涨幅142%，销售金额同比涨幅123%。这些数据表明：大众阅读越来越从纸质出版物转向免费的数字化阅读，数字化阅读逐渐成为大众阅读的主流行为。

2. 读者购买行为的转变

全世界最早的网络商店亚马逊一开始就是从图书开始的，这表明图书是一种标准化极强的商品，不像衣服鞋帽等因人而异，图书几乎不需要挑选和更换样品。

2014年广州某知名媒体发布的读者问卷调查结果显示，超过60%的受访者主要购书途径是网络,其主要原因有:物美价廉;节约时间;送货上门;搜索方便;可以与其他读者互动。2017年1月12日召开的"2016年度图书零售市场报告会"上,开卷数据公布了2016年的最新统计结果,全国图书零售市场的销售额是701亿,增长12.3%;自营网络书店增速虽然放缓,但依然在30%左右;而网络第三方平台的增长迅猛,增速高达60%。2016年网络书店的销售额达到365亿,超过实体书店的336亿,市场占有率超过了50%。有专家预测,到2030年,网络书店的销售额可能会达到整个图书零售市场的90%。网络书店已经逐渐成为读者购买图书的首选之地。

阅读行为和购买行为的转变都意味着到实体书店购书的读者越来越少,这是造成实体书店经营陷入困境的根本原因。而且,从全世界的趋势看,这种转变的趋势还在继续不断地深化,而实体书店难以扭转这一困局。

三、微薄的利润空间与无可奈何的"折扣战"

1. 从进货端看,大多数实体书店都没有能力直接从出版社拿货,进货折扣基本上在6折以上。与此同时,网络书店可以直接从出版社进货,一般折扣是5.5折,碰上某些特殊的包销、促销图书,折扣会降到5折。而通过收购出版社的库存和特价书,网络书店的平均拿货折扣实际上会更低。

2. 从销售端看,一般实体书店的销售折扣最多8折,但网络书店的新书一般就是6.5折,但碰上限时抢购或者团购,降价幅度都是20%。有人统计,2016年"双十一"期间,当当网的平均折扣低于5折。

同样的商品,价格基本上是影响读者决策购买的第一因素。面对网络书店巨大的折扣优势和便捷性,利润空间微薄的实体书店只能被动挨打,毫无还手之力,关门歇业似乎只是时间问题。

四、单一僵化的经营理念与思路

在网络书店和新媒体的冲击下,靠卖书赚取利润的书店基本上倒闭歇业了;当下依然坚守实体书店经营的老板多数都是热爱图书,具有一些文化情结和理想主义的人。他们的执着精神令人钦佩,但他们对读者阅读方式和新媒体的变革缺乏深入的思考和研究,依然停留在过去的惯性中。比如：

1. 为了节约房租，书店老板往往选择相对偏僻的地方开书店，由于缺乏人气支撑，购买者门可罗雀；

2. 没有考虑所在区域的人文氛围、读者情况，所经营的图书品种无法匹配区域读者的需求；

3. 进货渠道单一，进货节奏慢，没有及时跟进新书和畅销书，导致图书更新的节奏慢，库存积压比较大；

4. 被动等待顾客自动上门选书，缺乏有效的凝聚读者的手段；

5. 缺乏有效的宣传推广，导致促销方式只是局限在书店内部，不到书店读者无法知晓；

6. 对图书和书店的经营认识比较有限，缺乏核心竞争力和盈利模式的设计。

新兴实体书店的转型与探索

"几家欢乐几家愁！"一面是大批的实体书店关门歇业；另一面，一大批新兴的实体书店却又如雨后春笋一般纷纷涌现。2015年，仅上海一个城市，就开出了犀牛、半层等近10家书店。进入2016年，实体书店言几又一路高歌猛进，开设了将近30家门店，而他们计划在2017年继续扩张，新增21家。在实体书店回暖和政府扶持政策的激励下，钟书阁、方所、西西弗等知名实体书店在多个城市攻城略地，纷纷开设了新店。

纵观这些新兴的知名实体书店，他们的经营理念发生了根本性的变化，呈现出以下几个特点：

一、多元化混业经营

这些书店在保证书籍本位的同时，将一切可能的文化产业元素都融入其中，提

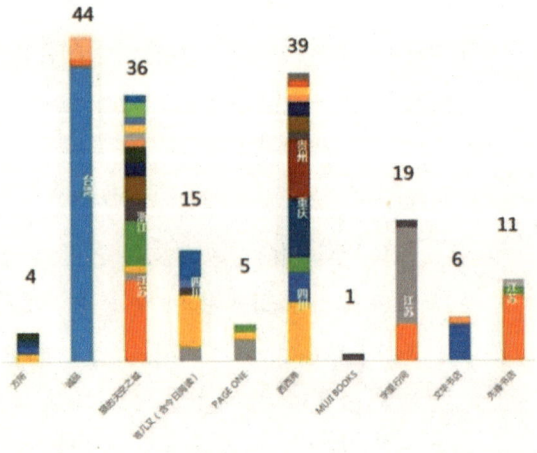

供咖啡、饮品，增加美学、艺术、古玩等文化创意产品，这几乎已经成为新兴实体书店的标准配置。更有部分书店甚至提供餐食、红酒吧，搭售具有文艺性、设计感的服饰、数码、家居产品。

从图书销售收入占书店总收入的比率来看，成都方所约50%，言几又书店约40%，广州方所占35%，单向空间占30%，最低的是诚品书店，仅占25%。但从他们发布的经营数据看，通过跨界和多元业态的复合，这些书店的整体收入均得到了较大的增长，实现了单店盈利。

二、利用商业地产概念

由于知名的实体书店可以为商圈带来大量的人气和附加值，所以，很多书店都巧妙利用书店的品牌、品味和人气，通过与商业地产谈判，在场地租金方面获得了极大优惠。不少书店甚至通过"二房东转租"方式，把低价承租的场地高价租出去，通过收取物业租金有效地摊薄了经营成本，从而摆脱了"高额房租"的"发展桎梏"，变被动为主动，在经营上赢得了先机。

三、重视空间设计

在诚品书店的示范下，新兴的实体书店无一不在空间设计上下足了功夫，极力创设美的意境和体验，使书店成了精神生活的享受空间。在这一方面，位于成都太古里商圈的方所书店可以称为"典范之作"。一篇研究成都方所的文章写道：

"在方所入口处，乘电梯穿过一个红铜的巨大雕塑，如入原始的山洞，寻找无尽的宝藏；进入方所豁然开朗，犹如进入一个魔幻空间。……此外，高大哥特式大立柱，古旧的黄色岩石的整体空间颜色，给人一种历史积淀质感。正如西方的雅典学院，是充满了圣贤与智者的殿堂。……每上一台阶，都会发现新的书籍与布局，感受到新的惊喜与风景，每一个梯子的回转，都是柳暗花明的发现；廊的一侧是书架，与智慧相面对，犹如是在古贤圣哲的雕塑面前，又犹如僧人诵经。人与人在廊下来来回回，相互间的不闻不问却能共守这份对知识的追求。"

2016年5月新开业的东华书店同样在空间设计上下足了功夫。书店以大面积的深咖啡色为主调，配合暖色的灯光、原木的地板、舒缓的蓝调音乐，整体感觉高雅、时尚、有品质。书籍的摆放和细节设计也处处用尽心思，利用封面、书脊原有的色彩和格调，摆成各种特色造型，极具创意；在空间设计上，充分利用台阶、书架的高低错落，打造出富于变化的层次感和立体感，形成曲径相连、动静相宜的美学效果。

四、经营理念创新

新创建的果戈里书店，在书店内打造"迷你剧院"，提供读者体验式音乐、舞蹈、戏剧文化大餐以及引入歌舞晚会运营模式，创办文化主题晚会以及阅读文化旅游项目等。

单向空间十多年来坚持举办了550场免费读书沙龙活动，吸引了大量的读者。据报道，平均每场参加人数超过200人，总人次超过11万。这些活动邀请著名作家或学者，有效地提升了品牌和业绩。

在地址选择上，新兴书店也都有独特的创新。比如先锋书店致力于为读者打造的建筑之元素、人文之关怀的阅读空间，其选址多在古迹、博物馆、风景区等具有特色的场所。猫的天空之城定位在旅行、艺术、绘本、文学，所以多在景点、文创街区开店，街铺店多于购物中心店。有研究人员统计后发现，从物业类型看，购物中心是新兴实体书店的最优地址，占56%；其次是步行街，占26%。

从上述研究来看，新兴实体书店已经完全摆脱了传统书店单纯的售书模式，探索出一条新型的商业模式：图书＋生活＋零售＝收入，品牌＋体验＋文化＝核心竞争力。这些特质和优势，是网络书店无法比拟的。或许正是因为这个原因，2015年11月，网络书店巨头亚马逊声称要在全世界开300～400家实体书店。紧接着，国内最大的网络书店当当网宣布：要在三年内开办1000家实体书店。到2016年为止，亚马逊已经有三家实体书店开业，另有三家正在筹办；而当当梅溪书店已经落户湖南长沙，开业酬宾了。

一切表明：实体书店的故事没有结束，新故事正刚刚开始。

结语：从图书销售到文化生活

恰如营销学一句经典的语录所说："没有淡季的市场，只有淡季的思想。"传统书店和新兴书店"冰火两重天"的局面带给我们深刻的启示与反思：在信息技术革命的时代，唯有变化是不变的。我们必须清楚地认识到：实体书店所面临的读者群体已经变了，在"免费＋流量"的互联网思维冲击下，传统"售书赚钱"的商业模式已经无法适应当前这个时代了，这才是传统实体书店没落的根本原因。

但是，由于精神性生活是人类区别于动物的本质，所以，思想性、深刻性是人类精神不竭的追求。从这个角度看，新兴实体书店之所以成为一种现象，是它们不再局限于图书销售，而是放大视野，关注读者的精神文化生活。所以，实体书店不再是一个购买图书的场所，而是一个服务读者精神世界、满足读者精神享受的"文化场所"。这样的书店，图书虽然仍旧是书店的核心与纽带，但其区别于网络书店的核心竞争力是其所创设的空间体验、交流互动、思想激荡、文化生活和精神享受；从收入和利润源泉角度看，图书销售不再是主营业务，而是图书经营带来的附加值。

图书是人类文化的载体和精神食粮，书店是提供文化营养的桥梁和粮仓，读书是文明人的一种生活方式。

——李建辉

民族工作专家李建辉
——书店是提供文化营养的粮仓

中国民族语文翻译局前局长兼党委书记、民族团结杂志社（《中国民族》杂志）前社长兼党委书记李建辉是我的良师益友。他是具有正高编审职称并担任了20年的司局级领导干部，是比我年纪轻、比我读书多、比我理论水平高的老北京。他爱读书、爱书店。所以每次有调研实体书店的活动，我都"拽着"他。

他曾经与我畅谈过关于阅读、书店的话题，现在我以《书店是提供文化营养的桥梁和粮仓》为标题，刊发出来与读者分享。

图书是人类文化的载体和精神食粮，书店是提供文化营养的桥梁和粮仓，读书是文明人的一种生活方式。

习近平同志认为读书能让人有"三让"——让人保持思想活力，让人得到智慧启发，让人滋养浩然正气。

我自小家庭条件还算可以，父母和爷爷奶奶常督促学习，要求趁着年轻记忆力好、接受能力强，抓紧读书。当时算是养成了喜欢阅读的好习惯，在家常读些小人书和文学类的书，后来识字多了就常翻些大人看的书。由于青少年所处时代，小学没毕业就赶上"文革"，1969年底15岁时便穿上军装到部队服役。

解放军确实是所大学校。我在部队从事战斗舰艇水上通讯工作——信号兵。该岗位需要一定的文字水平和较为广泛的文化知识。这也促使自己继续注重学习和对图书报刊的阅读。但是由于自己当兵早、年岁小，在校学习时间短，缺乏系统知识教育，入伍三五年后还有新兵年岁比我大，可人家文化知识和说写能力有的却比自己强。部队经常组织政治学习和集体才艺活动，作为老兵常常感到自叹弗如，有时自尊心还受到触动，内心里便产生见贤思齐下决心追赶弥补的心理。当时仗着是老兵，通讯专业技术已很成熟，日常军事训练时间便用来学习写作和阅读。平时休息、节假日或舰艇每到一地巡防停泊，除上岸购物外就是跑书店和图书馆。当时书店图书种类很少，经典文学和文史哲知识类作品不多。只好有什么书就买什么书，买到什么书就看什么书。此外，还到地方图书馆或学校借阅书刊。记得当时除阅读过马列毛经典著作

外，还读过老版本的《中国通史》《世界通史》，以及一些线装古籍和中医药、民俗旧历、中小学课本等；后来"批林批孔"又有机会读到一些历史类、哲学类和古典文学名著。这在当时虽获得的图书不算丰富，可作为只有中学水平的我来说也够受用了。此外，我还学着写小说、诗歌，搞些文学小创作；同时坚持写日记与读书笔记，将日常所思所想与练习速写文字结合起来，使我后来受益匪浅。

服役海军8年后，于1978年4月回京分到国家民委工作。当时国家正处在"文革"结束后的拨乱反正时期，改革开放初步展开，各种新思潮、新理论、新知识和新观念汹涌澎湃。作为当兵多年的我，面对国家新时代和新形势，面对完全陌生而又从未接触过的民族工作和相关政策理论，再次感到自身文化积累的匮乏和接受与应对新事物、新知识的吃力。没有别的办法，只能奋力学习，利用休息时间阅读，弥补短板。除常到书店选购一些新书外，就是利用工作便利条件常到民族宫图书馆借阅相关报刊图书。渐渐地对我国民族工作、民族文化和党的民族政策理论有了较为清晰的认识，由入门到系统认知，由一般知识了解到深入理论体系，由民族工作门外汉逐步成长为具有一定政策理论水平，能够准确阐述和解析民族文化、民族关系及相关知识的工作者。与此同时，也为自己受命承担并做好国家民委办公厅副主任、人事司副司长、民族团结杂志社社长兼党委书记、中

国民族语文翻译局局长兼党委书记等岗位工作,提供了较为坚实的理论基础和履职条件。这些都有得益于对报刊图书进行系统阅读和对各种理论知识不断咀嚼吸收的因素。

民族问题始终是马列主义理论中的一个重要问题,民族工作始终是党和国家全部工作中的一个重要方面。民族工作具体讲民族文化与传媒工作具有广泛领域特点,不光涉及政治、经济、文化领域,还有人类学、民族学、社会学、传媒学等多种学科交融性质。作为民族文化与传媒部门的管理者,如何在新形势下,使我们的工作方针既立足于服务各族群众,又面向市场经济体制;既把握正确导向,又能唱响主旋律不断与时俱进,只有不断学习、善于学习、重新学习。

做好民族工作对于维护祖国统一和民族团结息息相关,做好宣传媒体工作可为民族地区经济发展与社会进步提供精神动力和舆论支持。《中国民族》杂志是中华民族优秀文化的重要承载和传播媒体,是客观展示中华民族尤其是展示各少数民族社会生活与文化交流的重要宣传窗口。需要我们站在历史发展和时代要求的高度,敏锐把握国际国内民族问题的发展变化,始终掌握时代前进的脉搏和体现实践发展要求,用历史的眼光书写少数民族和民族地区划时代的变革,用激情的笔触记录中华各民族人民的风采。胜任并完成好这项职责,只有不断地向老同事、同行业和书本学习,方能肩负起组织和人民赋予的重任。

阅读图书是学习的基本形态。当然,一个人的时间和精力是有限的,如何在有限的时间和精力中学到有用的东西?联合国教科文组织埃德加·富尔先生曾说:"未来的文盲,不再是不识字的人,而是没有学会怎样学习的人。"面对浩瀚的知识,只有不间断、持续地学习充电,才能不间断地、持续地释放能量。

习近平同志要求广大干部要爱读书、读好书、善读书,关键是要读好三个方面的书:一是当代中国马克思主义著作,二是做好工作必需的各种知识书籍,三是古今中外优秀传统文化书籍。如此,才能吸纳丰厚的理论营养,博采各类知识精华,滋养浩然之气,塑造高尚人格。

中华文明是世界上唯一没有中断的文明传承,蕴含着做人做事和治国理政的大道理，智慧光芒穿透历史，思想价值跨越时空，是中华民族永远不能离别的精神家园。读优秀传统文化典籍是一种以一当十、含金量高的文化阅读。研读历史经典可看成败、鉴是非、知兴替；研读文学经典可陶冶情操、增加才情；研读哲学经典可改进思维、把握规律，增强思辨能力；研读伦理经典可知廉耻、懂荣辱、辨善恶。总之，阅读优秀典籍可固本培元，不断提高人文素养和精神境界。

习近平同志曾引用并深化王国维读书学习的三种境界：首先，要有"望尽天涯路"那样志存高远的追求，要耐得住"昨夜西风凋碧树"的清冷和"独上高楼"的寂寞；其次，要勤奋努力，即使是"衣带渐宽"也终不后悔，"人憔悴"也心甘情愿；再次，要坚持独立思考，要在学习和实践中"众里寻他千百度"，最终"蓦然回首"，在"灯火阑珊处"领悟真谛。这三种境界启示我们，读书不仅要有明确目标和不移的恒心，还要提高读书效率和质量。要想达到这三种境界就要坚持做到：阅读与思考相统一，读书与运用相结合，锲而不舍并持之以恒。思考是阅读的深化，是认知的必然，是把书读活的关键。如果只是机械地阅读、被动地接受、简单地浏览，没有思考，人云亦云，再好的知识也难以吸收消化。兴趣是激励学习最好的老师。孔子讲："知之者不如好之者，好之者不如乐之者。"意思是说，懂得学习的人不如喜爱学习的人，而喜爱学习的人不如以学习为乐趣的人。我们应把读书学习作为一种追求、一种爱好、一种健康的生活方式，做到好学乐学。有了学习兴趣就可以变"要我学"为"我要学"，变"学一阵"为"学一生"。锲而不舍，持之以恒，这是读书为学应有的态度，也是做人做事必备的品质。读书是一个长期需要付出辛劳的过程，不能心浮气躁、浅尝辄止，而应先易后难、由浅入深、循序渐进、水滴石穿。要养成坚持不懈的习惯：一要发扬挤劲，争取每天挤出一定时间阅读；二是发扬钻劲，书读百遍其义自见，功夫下到一定程度，就能达到出神入化的境界；三是发扬韧劲，不论是学习还是做事，最可贵的是终身坚持，不管处在哪个阶段都要孜孜不倦、持之以恒，自然就会至千里之远、成江河之大。读书学习客观讲是一个去粗取精、去伪存真的过程，必须联系实际、知行合一。

毛泽东主席说过："读书是学习，使用也是学习，而且是更重要的学习。"

大凡有作为者，都注重读书与运用的结合，不是读死书、死读书。看一个人水平能力高低，不能单纯地看他读书多少，是不是"学富五车、才高八斗"，而要看他运用理论和知识解决实际问题的能力强不强。这需要在三个方面做出努力：一是要勇于实践，把知识转化为能力；二是要运用理论和知识着力改造客观世界；三是要运用理论和知识自觉改造主观世界。

人的本领不是天生的，是要通过学习和实践来获得的。俗话说"宝剑锋从磨砺出，梅花香自苦寒来"，不经过一番战天斗地的坚持和风雨兼程的磨砺，一个人是很难具备渊博学识的，更遑论把知识学深学透，更何谈学以致用、知行合一。我们国家要上进，我们的民族要上进，我们的事业要上进，我们的自身要上进，就要大兴学习之风，爱读书、善读书、读好书，在阅读的世界里感悟人生、乐以忘忧。

读书学习是文明传承之途、人生成长之梯、国家兴盛之要。愿读书成为我们中华民族每一位成员的常态生活方式！

唐召明/摄

京城特色书店——政协委员与实体书店

建议、提案与政府资金扶持篇

用量化的规则追求客观公正

北京市新闻出版广电局有关负责人
谈北京市实体书店扶持项目评审工作

8月11日，北京市新闻出版广电局公开发布《关于开展2016年度北京市实体书店扶持项目征集工作的通知》，同时公布了《北京市实体书店扶持资金管理办法（试行）》《北京市实体书店扶持项目管理规定（试行）》《北京市实体书店扶持项目评审细则（试行）》和《北京市实体书店扶持项目指南（2016年）》等文件。这标志着北京市运用财政资金扶持实体书店的工作正式拉开序幕。

为帮助公众更好地了解实体书店扶持工作的宗旨原则、政策指南，引导北京市实体书店经营者盘点书店的资源状况、风格特色、经营业绩，做好项目申报相关工作，北京市新闻出版广电局有关负责人近日接受《中国新闻出版广电报》记者采访，就北京市实体书店扶持项目评审工作有关情况回答了记者提问。

问：最近，北京市新闻出版广电局发出实体书店扶持项目征集工作通知，北京市实体书店扶持项目征集和评审工作已经启动。你们自己如何看待这项工作？

答：这是北京市贯彻落实中宣部等中央11部门《关于支持实体书店发展的指导意见》的一项具体工作，是北京市做强做优实体书店、推动首都全民阅读的一个重要举措。

问：2016年度北京市实体书店扶持资金额度和扶持项目指标数是怎么安排的？

答：扶持资金总额由年度预算确定，今年是1800万元。扶持资金管理办法规定，项目资助的最高限额是100万元。扶持项目指南规定，今年扶持项目数量为70至75个，全部采用奖励方式，相关文件也把申报的项目称为奖励项目。

问：项目征集和申报的具体时间是怎么规定的？

答：项目申报的截止日期是9月9日。

问：实体书店经营者向哪个部门申报项目？

答：向所在区的文化委员会申报项目。

问：关于实体书店扶持的宗旨原则、工作框架、扶持方式、评审规则，乃至于后续监管、绩效评估等方面内容，在公布的相关文件中有明确规定。其中，《北京市实体书店扶持项目评审细则（试行）》，事关利益分配，又属操作层面，希望着重解读。

答：好的，我们共同探讨。

问：项目管理规定足以指导项目评审工作了，为什么还要再制定一个项目评审细则？

答：简单说，为了更好规范项目评审工作。规范的目的是公平公正，规范的重点是限制评审参与者的自由裁量权、摒除各方面可能施加的影响，规范的手段是用量化的方式对申报项目进行描述、评价、测度和计算。

问：先请概述一下项目评审细则的框架。

答：项目评审细则规定的项目评审过程，按层级分为两个阶段，即区文化委员会实施初步评审的阶段，以及项目管理办公室组织专家组进行正式评审的阶段。而正式评审则分为四个环节：首先专家组按评分表给申报项目打分；其次计算机系统按评分结果、扶持入围项目控制数和按书店类型预先配置的扶持入围各指标数，确定扶持入围项目范围；再次专家组对扶持入围项目实施参数审核；最后计算机系统运用相关参数通过公式计算项目资助额。

问：区文委在出版物发行行业管理工作中处于一线，由他们承担实体书店扶持项目初步评审职责，很有必要。关键在于，有什么实质性安排？

答：区文委在进行初步评审时，履行项目企业基本情况把关的职责，并对评分表中两个特定指标项行使评分权，分值占评分表满分的10%。

问：区文委对于诚信经营相关情况评议打分所用5个分值属于客观分。与此相对应，区文委行使评分权的"区级意见"项40个分值，主观色彩较重。无论各区内部还是各区之间，都有可能出现评分结果的不平衡，如何避免？

答：在正式评审中采取两个措施。一是将各区内申报项目平均分限制在32分以内。超过的区，所有申报项目的"区级意见"项得分都被同幅度扣减到32分以内。二是拉齐各区"区级意见"项平均分。用"区级意见"项全市平均分与区内平均分的比值为标尺，对区内各申报项目进行等比例放大或者缩小，放大后的分数以40分为限。有了以上措施，各区文委在打分时就不必顾虑区与区之间的高低起伏，可以把全部注意力都放在客观打分突显优秀申报项目。

问：项目评分表是对项目进行打分所需要的。关于这个项目评分表，你们是怎么考虑的？

答：这个项目评分表遵循了资金管理办法所确立的关于实体书店的扶优扶新的扶持宗旨和一系列具体扶持原则。项目评分表设置了申报基本条件、企业经营年资、企业管理能力、企业经营管理行为、社会形象、区级意见、企业类型相关情况、企业基本资源情况、申报奖励的工作成效等9个一级指标项。除第1个一级指标项，其余8个一级指标项32个二级指标项设置分值共计450分。实体书店促进全民阅读相关工作，例如坚守主业经营、弘扬京味文化、探索24小时书店模式、举办读书会等活动，都在分值上有所体现。

问：在正式评分环节，专家组各位成员打分尺度会有差异，并可能造成申报项目之间的苦乐不均。你们怎么解决？

答：以今年的实际情形为例，专家组有5位成员。评分规则要求每个项目都得到5个专家打分结果，把5个评分表得分加和，设为项目累加得分，用于后续处理。这个安排与跳水比赛中多个裁判同时打分的情形类似，能够尽量消除各评判者的尺度差异带来的不平衡。

问：由于申报项目众多，会不会出现多个项目得分相同的情形？

如果这样，是不是有麻烦？

答：有可能出现多个项目得分相同情形。一旦等分数项目处于按得分大小进行排序的关键位置，就难以取舍。

问：怎么解决这个问题？

答：在申报项目得分相同的情形下，计算机系统对等分数项目的得分进行加小数位的修正处理，经过一次或者两次修正处理，项目最终得分不再存在等分数情形。两次修正处理所用的数据分别是"企业基本资源情况"项分数和"企业经营年资"项分数。项目评审细则第十四条有具体规定。

问：这个修正处理很特别。

答：强行拉开项目分数差距，本是无奈之举，却又很必要。如果不事先确定这样的规则，一旦出现等分数情形，评审参与者选用有利于自己亲近的申报企业的某个子项，以此子项分数为依据排序或者取舍，就将背离公平公正。

问：扶持项目指南规定，今年扶持项目数量为70至75个。评分环节产生项目最终得分后，就可以直接取分数最大的前70至75个项目，作为扶持项目。是这样吗？

答：不是这样。不同类型实体书店各有存在和发展的价值。它们之间差异巨大，如果没有保底措施，有些类型的扶持入围就难以达到应有数量，甚至完全无缘扶持。为此，我们安排了预先配置的扶持项目指标数，来确保大体平衡。

问：请具体介绍指标数的配置情况。

答：设置今年扶持入围项目60个预先配置总指标数，分解配置为综合类书店3个、专精特新类书店15个、区域类书店22个、农村郊区类书店20个等分类指标数。这其中也包括，为支持北京城市副中心建设，对通州区申报项目实行2个类型各1个指标数的保底措施，以及对于农村郊区类书店申报的项目，在各相关区实行均衡保底措施。

问：总共70至75个扶持项目数，预先配置的总指标数只有60个，为什么还留 10 至 15 个扶持项目指标数？

答：这是为了让一些申报项目还有不分类型竞争入围的机会，一定程度弥补指标数预先配置时难以避免的各个类型间比例关系不合理因素。总之，申报项目入围扶持无论经由同类型择优还是不分类型竞争，评分结果都是必需的依据。

问：在扶持项目数 70 至 75 之间，采用什么方法来确定最终扶持入围项目数？

答：从按最终得分排序的第 70 个项目至第 76 个项目之间，邻接的项目两两考较分数差，找到分数差最大的位置，确定其前一个位次的序数为扶持入围项目数。

问：何必这么麻烦。直接规定一个数，譬如就定 73，作为扶持入围项目数，不是更简单明了吗？

答：在确定扶持项目数 70 至 75 的前提下，最终扶持入围项目数大一点小一点并不很重要，但是仍然有意义。论情理，落选项目中最靠前的那个项目的申报企业心理落差最大，而现在的做法可以使其更容易接受落选结果。

问：这么做也是对落选项目申报企业的尊重。

答：扶持项目指标是有限的。即使未能扶持入围的项目申报企业，他们对社会也有很多贡献，都值得我们尊重。

问：在扶持入围项目范围确定后，用什么方法来确定各项目的资助额？

答：计算机系统根据一个计算公式来计算扶持入围项目的资助额。基本思路是，用项目的五个参数和排序情况算出一个比率值，据此从扶持资金总额中确定相应份额。

问：用到哪五个参数？

答：有四个主参数，即经营面积、职工人数、出版物销售额、企业为职工缴存的五险一金额；有一个辅参数，即连锁经营网点数。主参数表征项目企业服务能力、经营体量和履行劳动保护法律义务的水平；辅参数与第一个主参数结合使用，体现项目企业在网点布局方面的贡献度。

问：这个资助额计算与项目评分之间是什么关系？

答：项目评分是基础性环节，因为这个环节最终决定了扶持入围的项目。一个项目只有先扶持入围，才有通过计算或者某种方法被后续确定资助额的资格。

问：对于已经扶持入围的项目，确定资助额的环节依然很重要。关于资助额的计算公式，还是要请你用通俗的语言再做点解读，便于大家理解。

答：先说说四个主参数的作用。假设扶持入围的项目共有73个，我们要计算项目甲的资助额计算值。设上述73家企业经营面积总和是10万平方米，项目甲申报企业的经营面积是1000平方米。如果单独使用面积这个主参数计算资助额，那么项目甲的资助额比率就是1000/10万，扶持资金总额为1800万元，项目甲的资助额计算值就是0.01×1800万元，即18万元。设上述73家企业的职工人数是5000人，项目甲申报企业的职工人数是100人。如果单独使用职工人数这个主参数计算资助额，那么项目甲的资助额比率就是100/5000，项目甲的资助额计算值就是0.02×1800万元，即36万元。如果同时使用两个主参数，把比率0.01和0.02用加权方式结合起来，形成新的比率。假如这两个参数具有同等地位，就给它们赋同等权重，两个0.5，合起来是1。计算$0.5 \times 0.01 + 0.5 \times 0.02$，形成新的份额比率0.015。计算$0.015 \times 1800$万元，得到项目甲新的资助额计算值27万元。计算公式实际使用四个主参数计算资助额。针对四个主参数分别进行比率计算，并用加权系数进行结合。由于出版物销售额可靠性较弱，相应加权系数应该适当低配，设为0.16，其余三个加权系数都设为0.28，合起来是1。

问：前面你提到辅参数，也就是项目申报企业网点数，在资助额计算中是怎么用的呢？

答：由于不同的网点之间差异太大，如果辅参数发挥与四个主参数同等的作用，合理性明显偏低。实际的设计是，把网点数放在一个网点修正因子里，用这个修正因子与经营面积项的比率相乘。举例说明。两个经营面积完全相等的企业，企业乙是单体书店，企业丙有多个网点。由于经营面积相等，两个申报项目在资助额计算公式经营面积项比率的初始值相等。经计算企业乙申报项目的网点修正因子为1，上述初始值所乘之数为1，保持不变。而企业丙上述初始值须乘之数，有2个网点时是1.1；有3个网点时是1.1585；有4个网点时是1.2；有8个网点时是1.3。用这个修正因子体现网点布局的贡献度，选择的结合点客观自然，而表征的效果既有力度又不偏激。

问：资助额计算公式中，关于企业为职工缴存五险一金额的比率计算，也有一个修正因子。请你解释一下。

答：这个修正因子可以进一步体现项目企业履行劳动保护法律义务优劣状况。履行义务人均口径情况优于总体水平，主参数比率相应放大；劣于总体水平，主参数比率相应缩小。由于第三个主参数可靠性较低，就不再以人均值为手段实施修正处理。以上计算过程结果就是项目加权比率。

问：资助额计算公式为什么没有引入企业纳税相关数据作为参与计算的一个主参数？

答：这么做就会与国务院的国发〔2014〕62号文件《关于清理规范税收等优惠政策的通知》精神相抵触。

问：资助额计算公式还有别的考虑吗？

答：假设一种极端情形，有两个扶持入围的项目，各主参数分别两两相同，辅参数也相同，在申报项目得分排队时一个在头另一个在尾。如果按刚才介绍的方式，这两个项目资助额计算结果完全相等。这里就隐藏着一个问题。

问：是有问题。我感觉问题就在于这个计算过程没有考虑项目评分和排队情况。怎么处理呢？

答：引入排序修正因子，对前面介绍的项目加权比率进行修正处理，再经重新计算,产生项目修正加权比率。这是扶持入围项目在扶持资金总额中获得资助份额的一个表征。

问:这个排序修正因子的影响究竟有多大?

答:在以上假设的极端情形中,采用现在设置的排序修正因子,使两个项目资助额比例关系呈现为5比4。需要说明的是,相邻项目受排序修正因子影响形成的差异很小。

问:根据这个资助额计算公式,体量大的企业申报的项目就能多占多得,这合理吗?

答:很多大体量企业申报的项目并不能入围扶持。在确定扶持入围项目后,体量大的企业申报的项目获得相对更多资助额,有其合理性,因为它们的贡献更大。此外,如果中间计算结果超过了最高资助限额,资助额就只取这个限额。

问:看来,项目资助额计算公式兼顾了各种因素和各方利益。总体而言,项目评审细则也较好贯彻了实体书店扶持工作的宗旨原则,相当程度体现了谈话开始阶段提到的项目评审工作规范化的要求。

答:这个评价可不低。

问:在项目评审的实际工作中,必须真正落实前面说的规范化要求,否则就没有规范。你们有什么保障措施?

答:首先把扶持资金管理办法、扶持项目管理规定以及扶持项目评审细则公布出来。其次是项目评审过程引入监察机制,驻局监察处和局财务处的同志将督察项目评审过程。再就是欢迎社会各界监督项目评审工作。

问:还有什么要强调的?

答:我们将精心组织努力推进,把2016年度实体书店扶持项目征集和评审工作做好。在此基础上,我们将汲取社会各界意见建议,修订完善扶持工作各项规则。我们相信,在国家新闻出版广电总局和市委市政府领导下,在市委宣传部和市财政局指导下,在社会各界大力支持下,北京市实体书店扶持工作一定能够不断取得新的进步。谢谢。

北京市政协第十二届委员会第四次会议第0496号提案的答复意见

刘明清委员：

您在北京市第十二届委员会第四次会议上提出了"关于在北京发展社区书店（图书馆）"的提案收悉。我局根据您提出的提案会同北京市文化局，认真调研、积极研究，现将办理意见报告如下。

一、北京地区实体书店及公共图书馆的数量

（一）实体书店的数量

根据2015年发行单位年检情况统计，北京地区拥有零售出版物经营许可证（县级以上）约4800家。有影响力的实体书店数量约40家，大型书城（营业面积5000平方米以下）数量6家。实体书店所有制情况：国有或国有控股单位422家，占比8.6%；外商投资单位31家，占比0.6%；民营或民营控股单位2851家，占比58.1%；其他形式单位1599家，占比32.6%。

（二）公共图书馆的数量

公共图书馆是城市文化建设的重要标志，图书馆拥有率已经成为衡量一座城市文化建设水平的重要指标。为搭建普遍、均等的公共文化体系，北京市各级公共图书馆积极建立市、区、乡镇（街道）、行政村（社区）四级公共图书馆服务网络。

截至目前，北京市各级公共图书馆共计5356个，其中市级图书馆1个；区级图书馆23个（含房山文化活动中心和燕山图书馆）；街道级图书馆165个、乡镇级图书馆179个；社区级图书馆1654个、村级图书馆3334个；公共图书馆面向特定读者群建立分馆292个。"一卡通"成员馆178个，其中通还馆125个；数字文化社区300个；共享工程基层点4295个。

二、统筹安排，确保北京市民均等的享受公共文化的权力。

首先，自2010年开始实施自助图书馆项目，目前已安装完成165台，其中首都图书馆2台、东城区8台、西城区10台、朝阳区127台、海淀区8台、石景山区1台、大兴区6台、房山区2台、通州区1台。全市自助图书馆2015年实现办理读者卡8704张、外借图书25万册、还书27.1万册，自助图书馆专属书库购置图书37万余册。

其次，建立公共图书馆送书点3102个，送书对象有农民工、孤寡老人、残疾读者、武警、公安等，单位包含敬老院、街道社区、企业、建筑工地等，尤其关注特殊群体、困难群体的阅读需求。2015年流动配送图书2082次，78.2万册。流动捐书服务网点79个，图书交换5103册。

再次，采取与社会力量、企业合作的形式开展公共文化服务，公共图书馆有效地引导、吸引和调动社会力量资源，积极投入到公共事业中来，从而进一步提高图书馆的服务效能，实现图书馆公共服务效益"最大化"。包括东城区第二图书馆与中国体育报业总社合作的五环书吧，西城区图书馆与社会单位合作开展白云驿站、书香酒店、书香银行、北京砖读空间等；部分区县文化部门还以购买服务的形式支持社会机构开展亲子活动、品读会等多种形式的公共文化活动。海淀区的第二书房橡树湾馆、怀柔区的木头和砖品读汇等都是这方面的代表。

最后，我市还依据"1+3"文件和《北京市基层图书服务资源整合实施方案》制定《北京市基层图书服务资源整合实施办法》明确以总分馆制为架构模式，建立群众需求反馈机制，构建图书配送体系，将益民书屋等图书资源和相关服务纳入公共图书馆服务管理体系之中，统一规划、统一运作、统一管理、统一服务、统一发展，提高基层图书馆（室）服务的针对性和有效性，满足群众的公共文化需求。

三、认真组织，积极开展有特色的全民阅读活动

"书香中国·北京阅读季"已经走过了六个年头，经过五年的不断努力，已经成为国家级全民阅读品牌，而且，正在成为北京市推进全民阅读的一个重要的公益平台。在打造这一品牌过程中，我们特别重视阅读推广活动，自2013年始，连续三年开展"书香北京"系列评选活动，从全北京16个区的上千个社区中推选出了10个阅读示范社区，并选出了10个最美阅读空间。在阅读盛典上，每年会为评选出来的阅读示范社区和优秀阅读空间颁奖。第二书房、雪绒花、皮卡书屋、悠贝、蒲蒲兰等名列"十佳"北京阅读示范社区，被选上之后，明显步入了发展快车道。比如第二书房当选后，一年就得到了100多家媒体的采访，还得到西城区免费提供的场地——金中都公园中的宣阳驿站。皮卡书屋今年广泛和海淀区合作，也已经成为海淀区全民阅读的重要力量。在前两年选出的30个示范社区中，已经有十几个社区的阅读推广模式得到了不同程度的复制推广。在北京阅读季公布的阅读空间中，有的是书店，有的是绘本馆，有的是图书馆阅览区，还有的是益民书屋。这些阅读空间里不仅有丰富的图书供大家随时取阅，有专门受过培训的叔叔阿姨给孩子讲故事、带孩子做游戏，更重要的是，那里凉爽整洁的环境让大人和孩子都能感受夏日中的清凉。

2014年，在全市发布了儿童阅读空间地图，为首都儿童阅读习惯的培养提供基础和保障。例如，经过推广与示范宣传，皮卡书屋已经有3家分馆。孩子们除了读书，还可以观看视频、参加烘焙等手工活动。位于北京市昌平区南环路53号的城北街道创新园社区中的雪绒花社区儿童中心，被选为北京阅读季阅读示范社区后，得到社会各界广泛关注，围绕阅读整合各种资源，开展形式丰富多彩、大众喜闻乐见的社区阅读推广活动，帮助儿童家长了解早期阅读启蒙的重要作用，对家长进行指导，以此促进儿童学习能力的发展和阅读能力的培养，激发儿童的阅读兴趣，目的都是让儿童在这里爱上阅读、养成终身阅读的习惯，最终使儿童和家庭受益，形成幸福和谐社区。

为了在全社会营造"多读书、读好书、善读书"的良好氛围，建设书香社会，第六届"书香中国·北京阅读季"将继续以"阅读点亮中国梦"为主题，举办"阅读示范社区"评选活动。今年，北京阅读示范社区的评选目标性非常明确，就是要从各种案例中寻找具有可复制性的、可常态化的鲜活案例，并在全市的社区中推广他们的先进经验。

四、认真调研，提出扶持实体书店的政策建议

北京作为中国的文化古都，肩负着传承文化的伟大使命。实体书店是城市文化设施的重要组成部分，它承载着城市的记忆，体现着城市的文化底蕴，影响着城市的文化氛围。

近年来，在出版业向数字化转型升级的潮流中，我市传统出版物发行业也不断遭受强力冲击，引起有关领导的高度重视。自2012年起，我局针对部分实体书店经营不景气的现象，成立专门课题组，对全市民营实体书店经营状况进行调研，深入了解和研究当前实体书店面临的问题和困难，起草了《关于扶持实体书店健康发展的调研报告》，提出扶持实体书店的政策建议。此报告已于2012年上报市委宣传部。为了更好地开展和推进对北京实体书店的扶持，2014年我局与北京商道纵横科技有限公司、北京开卷信息技术有限公司分别合作开展了《北京地区地面书店评估与扶持效果跟踪》《北京地区网上书店概况与诚信体系》两个课题的研究工作。

五、统筹考虑，确保实体书店扶持资金落到实处

（一）项目的基本情况

尽管目前北京市实体书店体系基本能够满足市民图书消费需求，但是由于网络书店的冲击、经营费用过高等因素的影响，北京市实体书店的销售量逐步下滑，书店数量也在持续减少。因此，有必要运用财政资金对北京地区的实体书店进行扶持。我局于2015年初重启关于北京市实体书店扶持工作的申报立项工作。通过实地走访、广泛座谈和专题论证，我局基本摸清了北京实体书店总体情况以及在经营发展面临的困难，明确了实体书店扶持政策的方向和重点。最终，草拟了项目预算文本、项目可行性报告、扶持资金管理办法及附件等材料并上报市委宣传部。

2015年7月13日，市委宣传部部务会研究了北京市开展实体书店扶持工作的相关问题。强调要将实体书店资金扶持工作纳入全市"十三五"时期公共文化服务体系建设之中，统筹考虑网点布局，突出公益性、导向性、公平性，发挥好社会效益。

按照上级领导要求，我局在多次与市财政局相关处室充分请教沟通的基础上，修改了实体书店扶持工作相关材料，最终形成《北京市实体书店扶持资金管理办法（试行）》《北京市实体书店扶持项目管理规定（试行）》《北京市实体书店扶持项目评审细则（试行）》等材料，并正式行文商请与市财政局联合发文等事宜。同时，我局将该项目列入2016年财政预算申报，于去年底该项目参加了市财政局组织召开的事前绩效评审会并获得通过，2016年3月市财政预算就北京市实体书店扶持项目拨付专项资金1800万元。目前，我局与市财政局就《北京市实体书店扶持资金管理办法（试行）》的会签文件还要进行一些内容细节上的修改，一经会签成功即可组织实施该项目具体工作。

（二）项目的实施方向

根据部领导的指示，结合我市出版物发行行业实际情况，参照财政部和兄弟省份扶持实体书店的做法，我们向市财政申请"十三五"时期北京市实体书店扶持工作项目的财政预算额度为每年1800万元，扶持资金使用方式以奖励为主，每年对约60家实体书店予以奖励扶持，奖励金额为5万元至100万元不等。主要基于以下三点考虑：一是对这些发行企业在出版物发行行业所做出的突出贡献给予肯定和褒奖；二是通过政府资金和政策的引导，树立发行行业的示范标杆，宣传他们的成功经营理念和做法，奖励先进，带动后进，鼓励和引导更多的出版物发行企业去学习，去创新；三是放宽资金的使用用途，获奖企业可以用奖励资金去补贴经营成本（如员工工资、房租、水电费等等），也可以鼓励企业在经营发展的升级转型中投入更多的精力和资本去探索去创新。目前全市有4800多家实体书店，我们大致将其分为综合类书店（含标志性书城、大型书城和综合性书店）、专精特新类书店、区域类书店（含社区、学区、商区、交通枢纽等区域经营的书店）、农村郊区类书店（含自然村书店，以及郊区乡镇书店）等四大类型，按照类型分配相应的奖励指标，以确保各类书店的均衡发展。通过我们设定的项目评分规则和评审细则来确定最终获得奖励单位和奖励金额。

我们将把实体书店扶持资金的使用以社会效益与经济效益相统一，始终把社会效益放在首位为原则，以扶优扶新、打造文化地标、提升公共文化服务、促进行业升级转型为目标。通过"十三五"期间财政资金的扶持与引导工作，促使北京市有相当数量的实体书店实现可持续发展，并逐渐走上品牌化、特色化发展之路，涌现充满活力的多层次全类型实体书店群体，促成生动活泼蔚为风气的全民阅读良好局面，充分发挥示范标杆作用，带动行业科学健康发展，扩大文化辐射影响力，助力建成与北京文化中心定位相适应的更具人文特色的一流的出版物发行服务体系。

2016年6月16日，全国实体书店发展推进会在京召开，由中宣部、国家新闻出版广电总局、财政部等11个部委联合制定并印发的《关于支持实体书店发展的指导意见》，明确要进一步加大财政资金扶持实体书店的力度。北京也将依据中央文件指示精神，加强对我市实体书店的调研，积极协调相关部门，制定出科学的可行的北京市实体书店发展扶持政策，确保实体书店发展扶持工作落实到位。

感谢您对北京市实体书店扶持工作提出的宝贵意见和建议。

北京市新闻出版广电局

2016年5月9日

北京市新闻出版广电局
关于开展 2016 年度
北京市实体书店扶持项目征集工作的通知

各有关单位：

为促进实体书店健康发展，打造首都文化宣传阵地，提升全民阅读活动，助推全国文化中心建设，我局拟于近日开展北京市实体书店扶持项目征集工作。请北京市各发行企业根据自身情况，积极参与相关项目申报工作。具体事项通知如下。

一、申报范围

申报企业为在北京市依法注册设立并取得《营业执照》《出版物经营许可证》，有固定经营场所并以图书、报纸、期刊、音像制品、电子出版物等出版物零售为主营业务，且经营时间已满三年的实体书店。

二、申报条件

（一）申报企业具有法人资格，如不具备法人资格，需提交具有法人资格的上级单位的同意书；

（二）申报企业守法经营，最近三年内未受到各级出版主管部门行政处罚，且无其他违法记录；

（三）申报企业具备健全的财务管理制度和会计核算体系，经营状况正常；

（四）申报企业有健全的企业社会保障制度；

（五）通过其他途径已经获得中央或市级财政资金支持的实体书店，对其当年度扶持项目申报请求不予受理；

（六）企业集团拥有 10 个以上下属企业或连锁网点的可以申报 2

个名额，拥有 20 个下属企业或连锁网点的可以申报 3 个名额，拥有 30 个以上下属企业或连锁网点的可以申报 4 个名额，拥有 40 个以上下属企业或连锁网点的可以申报 5 个名额。集团下属企业或连锁网点有无法人资格均属上述申报的数量限制范围。

三、申报材料

（一）《北京市实体书店扶持项目申报承诺书》；

（二）《北京市实体书店扶持项目申报书》（主要内容包括：企业基本信息、经营成绩及特色、资金使用方案、发展规划）；

（三）举办图书文化推广活动及经营成绩图片资料；

（四）营业执照、税务登记证、出版物发行许可证复印件；

（五）最近三年的财务审计报告（含企业纳税相关情况及年度所得税汇算清缴表）；

（六）填写并提交自评得分的《北京市实体书店扶持项目评分表》（《北京市实体书店扶持项目评审细则》附件）及相关证明材料。

《申报承诺书》《项目申报书》《项目评分表》可在北京市新闻出版广电局网站（http://www.bjrt.gov.cn）通知公告栏中下载。所有材料 A4 纸打印，一式六份并加盖单位公章，电子版一份。

四、工作程序

（一）申报单位应按照要求如实填写《项目申报书》《项目评分表》，上述文件及相关证明材料一并报送至所在区文化委员会。

（二）各区文化委员会负责本辖区内实体书店扶持项目申报材料的初审。审查的内容主要包括：主体资质、资料的完整性和准确性、企业违规违法情况等。初审合格通过的企业申报材料（一式六份，含电子版）统一报送市新闻出版广电局。

（三）市新闻出版广电局将通过设定的项目评分规则和评审细则来确定最终获得资金扶持单位和扶持金额。

五、申报截止时间

单位项目申报截止日期为 9 月 9 日前，逾期不予受理。

六、文件下载

《北京市实体书店扶持资金管理办法（试行）》《北京市实体书店扶持项目管理规定（试行）》《北京市实体书店扶持项目评审细则（试行）》等相关文件请登录北京市新闻出版广电局网站（http://www.bjrt.gov.cn）查阅并下载。

附件：《北京市实体书店扶持项目指南（2016 年）》

北京市新闻出版广电局

2016 年 8 月 3 日

北京市实体书店扶持资金管理办法
（试行）

第一章 总 则

第一条 为贯彻中宣部等11部门印发的《关于支持实体书店发展的指导意见》相关精神，促进实体书店健康发展，打造首都文化宣传阵地，满足人民群众多样化的文化消费需求，提升全民阅读活动，助推全国文化中心建设，根据我市有关财政资金管理的制度规定，结合我市实体书店发展实际，制订本办法。

第二条 设立北京市实体书店发展专项扶持资金。扶持资金的使用以社会效益与经济效益相统一，始终把社会效益放在首位为原则，以扶优扶新、打造文化地标、提升公共文化服务、促进行业升级转型为目标原则。

第三条 扶持资金来源为市级公共财政，纳入市新闻出版广电局部门预算管理。

第二章 支持范围和方式

第四条 扶持资金支持对象为在北京市依法注册设立并取得《营业执照》《出版物经营许可证》，有固定经营场所并以图书、报纸、期刊、音像制品、电子出版物等出版物零售为主营业务，且经营时间已满三年的实体书店（以下也称企业）。

第五条 扶持资金支持的重点方向包括以下几个方面：

（一）积极传播社会主义核心价值观，销售推广介绍党和国家的政策方针、回应人民群众关切社会热点的主旋律出版物的；

（二）弘扬中华民族优秀传统文化，致力于传统经典文化传承的；

（三）拓展阅读服务空间，营造全民阅读良好氛围，为读者提供阅读、讲座、消费体验等公共文化服务的；

（四）坚持服务特定群体，特别是致力于为儿童、妇女、学生、农民提供阅读服务的；

（五）注重文化创意开发，在经营中突出艺术性、主题性和学术性的；

（六）坚持创新发展，在推动实体书店经营模式创新、促进产业升级转型方面成效显著的；

（七）与市政建设和文化建设规划配套的重大出版物发行网点建设项目，包括标志性书城、大型书城和综合性书店；

（八）在出版物零售发行领域以连锁经营和合作拓展等方式积极参与京津冀协同发展的。

第六条 扶持资金的使用方式以奖励为主，必要时可采用购买服务、项目差额补贴方式。单个实体书店获得奖励的最高限额为100万元。

第七条 通过其他途径已经获得中央或市级财政资金支持的实体书店，对其当年度扶持资金申报请求不予受理。

第八条 扶持资金中可设置不超过总预算金额3%的项目管理费，用于项目征集、评审、日常管理、绩效考评、宣传等工作。

第三章 申报、评审与拨付

第九条 市新闻出版广电局每年编制扶持资金申报指南，明确本年度扶持资金支持的重点和具体申报流程，并向社会公开发布申报指南、征集项目。

第十条 申报企业必须具有法人资格，如不具备法人资格，需提交具有法人资格的上级单位的同意书。企业应按照要求如实填写《项目申报书》《项目评分表》，上述文件及相关证明材料一并报送至所在区文化委员会。

第十一条 各区文化委员会负责项目初审与材料报送工作。审查的内容主要包括：主体资质、资料的完整性和准确性、企业违规违法情况等。初审合格通过的企业申报材料统一报送市新闻出版广电局，未通过的应书面说明理由。

第十二条 市新闻出版广电局设立项目评审专家组,对企业申报材料进行评审。专家组成员不少于5人。

专家组根据《北京市实体书店扶持项目评审细则》对各项目进行评审打分,依据得分多少确定获得资金扶持入围企业及其具体奖励额度。

第十三条 市新闻出版广电局对入围企业,根据项目实际情况组织现场踏勘,对发现现实情况与申报情况不符的,取消相关企业的入围资格。

第十四条 经踏勘核实的评审结果提交市新闻出版广电局局长办公会审议,审议通过后形成最终资金分配方案。方案在市新闻出版广电局官网公示7日,公示后向社会正式公布扶持结果并通知相关企业办理资金拨付手续。

第十五条 市新闻出版广电局与获得扶持企业签订《专项资金扶持协议》,规定企业使用扶持资金的注意事项和相关责任。签订协议后,按约定拨付相应资助款项。

第四章 监督管理

第十六条 获得扶持资金的实体书店应严格按照规定的范围对扶持资金实行单独核算,健全财务档案,做好相关信息资料的收集整理工作,以备检查、审计、监察和绩效考核。

第十七条 扶持资金主要用于企业的业务经营,包括企业软硬件设施改造、扩展经营规模、举办阅读推广活动、参加行业交流展示活动、企业自身宣传推广等。农村或其他边远地区的书店也可用于进货等日常经营活动。

第十八条 获得扶持资金的实体书店需在年度末内向扶持资金主管部门提交扶持资金使用绩效自我评价报告。扶持资金主管部门负责组织对实体书店扶持资金使用情况进行抽查。绩效考核不合格的企业将视情要求退还扶持资金，且两年内不得再次申请资金扶持。

第十九条　获得扶持资金资助的实体书店提供虚假资料信息，不配合或干扰项目评价工作正常开展，查实后由市新闻出版广电局决定，该企业三年内不得再次申请项目扶持。

第二十条　实体书店使用扶持资金应遵守国家财政、财务制度和财经纪律，自觉接受财政、审计等部门的监督检查。对于虚报、冒领、截留、挪用、挤占扶持资金等违反财经法律法规的行为，依照相关法律法规规定进行处理。

第五章　附　则

第二十一条　实体书店扶持项目的申报、评审、绩效评价和其他管理工作，除本办法已有的规定外，由市新闻出版广电局制定实体书店扶持项目管理规定予以规范。

第二十二条　本办法由市新闻出版广电局负责解释。

第二十三条　本办法自发布之日起施行。

北京市实体书店扶持项目管理规定
（试行）

第一条 为用好北京市实体书店发展专项扶持资金，做好实体书店扶持项目的申报、评审和管理工作，根据市新闻出版广电局颁布的《北京市实体书店扶持资金管理办法（试行）》，制订本规定。

第二条 市新闻出版广电局负责组织实体书店扶持项目的申报、评审、绩效评价和其他日常管理工作。

第三条 市新闻出版广电局设立实体书店扶持项目管理办公室（简称项目管理办公室）和实体书店项目评审专家组（简称专家组）。

第四条 项目管理办公室设在市新闻出版广电局印刷发行处，负责实体书店扶持资金日常管理，扶持项目申报、评审、绩效评价、监督管理等工作。项目办公室具体职责有：

（一）按照预算管理的要求，编制实体书店年度扶持资金预算和扶持项目申报指南；

（二）组织各区文化委员会做好扶持项目的申报、初审等工作，组织专家组对申报企业进行评审，根据评审结果拟定扶持方案并向市新闻出版广电局局长办公会报告；

（三）根据市新闻出版广电局局长办公会的决定，向申报企业发放扶持资金；

（四）做好扶持资金使用的监督、检查和绩效评价等工作，并向市新闻出版广电局局长办公会和市财政局报告扶持资金使用及绩效情况。

第五条 专家组由不少于5名成员构成，其中1名专家组成员作为专家组组长。专家组成员由项目管理办公室提名，市新闻出版广电局局长办公会决定。在同一年度评审过程中，参与评审的专家组成员数量维持不变。专家组具体职责有：

（一）为实体书店扶持相关工作提供咨询意见；

（二）在项目管理办公室主持下，具体承担对申报企业的评审等工作；

（三）参与拟定实体书店项目扶持方案。

第六条 参与项目评审的专家组成员应与各申报企业无利害关系，并承诺在项目评审中客观审议、公正评价。

第七条 申报扶持资金的企业应该符合以下要求：

（一）申报企业具有法人资格，如不具备法人资格，需提交具有法人资格的上级单位的同意书；

（二）申报企业守法经营，最近三年内未受到各级出版主管部门行政处罚，且无其他违法记录；

（三）申报企业具备健全的财务管理制度和会计核算体系，经营状况正常；

（四）申报企业有健全的企业社会保障制度；

（五）通过其他途径已经获得中央或市级财政资金支持的实体书店，对其当年度扶持资金申报请求不予受理；

（六）企业集团拥有10个以上下属企业或连锁网点的可以申报2个名额，拥有20个下属企业或连锁网点的可以申报3个名额，拥有30个以上下属企业或连锁网点的可以申报4个名额，拥有40个以上下属企业或连锁网点的可以申报5个名额。集团下属企业或连锁网点有无法人资格均属上述申报的数量限制范围。

第八条 扶持资金项目申报企业需真实、准确和完整填写项目申报材料，并将项目申报材料在规定时间内提交给所在区文化委员会。项目申报企业有义务就有关问题向区文化委员会、项目管理办公室和专家组做陈述。

第九条 扶持资金项目申报企业应该提交以下申报材料：

（一）《北京市实体书店扶持项目申报承诺书》（附件一）；

（二）《北京市实体书店扶持项目申报书》（主要内容包括：企业基本信息、经营成绩及特色、资金使用方案、发展规划）（附件二）；

（三）举办图书文化推广活动及经营成绩图片资料；

（四）营业执照、税务登记证、出版物发行许可证复印件；

（五）最近三年的财务审计报告（含企业纳税相关情况及年度所得税汇算清缴表）；

（六）填写并提交自评得分的《北京市实体书店扶持项目评分表》（《北京市实体书店扶持项目评审细则》附件）及相关证明材料。

第十条 区文化委员会对申报企业实施初审，根据《北京市实体书店扶持项目评审细则》中的《项目评分规则》，提出对各申报企业情况的区级综合意见，在项目评分表中直接填写指定的二级指标项的"自评得分"。区文化委员会在规定时间内完成对本区各申报企业的初审，并将全部项目材料报送项目管理办公室。

第十一条 对通过初审的扶持申报企业，由项目管理办公室组织专家组进行正式评审：

（一）专家组成员集中审阅申报材料，进行初步评议；

（二）在专家组充分评议的基础上，组织申报企业进行现场陈述和答辩；

（三）项目管理办公室组织专家组，根据《项目评分规则》，运用《北京市实体书店扶持项目评分表》对各参评单位实施评分，再运用《北京市实体书店扶持项目评审细则》中的《项目排序规则》，确定奖励项目排序；

（四）项目管理办公室组织专家组，根据《北京市实体书店扶持项目评审细则》中的《项目参数审核规则》，确定项目资助额计算所需各项目参数；

（五）项目管理办公室会同专家组，根据《北京市实体书店扶持项目评审细则》中的《项目资助额计算规则》，确定申报企业具体资助额。

第十二条 项目管理办公室对入围企业和项目根据实际需要安排现场勘察。参加现场勘察的人数至少2人。勘察过程可邀请专家、人大代表、政协委员监督指导。现场勘察重点检查企业申报数据的准确性。

第十三条 项目管理办公室会同专家组，根据项目评审结果和现场勘察结果拟定项目扶持方案，报市新闻出版广电局局长办公会审议。市新闻出版广电局局长办公会决定项目扶持方案。

第十四条 实体书店项目扶持方案确定后，在市新闻出版广电局官网向社会公示七日。公示无异议后，项目管理办公室以书面形式将奖励结果告知获得扶持的各申报企业，并在市新闻出版广电局政务网站上向社会公告最终扶持方案。

第十五条　实体书店获得扶持资金后，需在向项目管理办公室提交扶持资金使用绩效自我评价报告。项目管理办公室组织对获得扶持资金单位进行抽查。

第十六条　项目管理办公室委托中介机构承担实体书店奖励项目绩效评价具体工作。受委托的中介机构在实地考察和审查项目企业提交的项目绩效自我评价报告等材料基础上，提出关于奖励项目扶持资金使用的科学性、合理性以及经济社会效益的绩效评价报告。

第十七条　项目管理办公室向专家组报告通过抽查了解的关于获得扶持资金单位使用扶持资金及其效果的总体情况，专家组经评议提出意见。

第十八条　参与实体书店扶持项目的征集、评审、绩效评价和其他管理的工作人员必须严格遵守工作纪律和廉洁准则。工作人员遇有利害关系的项目，必须申明并申请回避。有违纪违法情形的交有关部门依纪依法查处。

第十九条　实体书店扶持项目评审工作，除本规定相关内容外，市新闻出版广电局制定实体书店扶持项目评审细则予以规范。

第二十条　本办法由市新闻出版广电局负责解释。

第二十一条　本办法自发布之日起施行。

李士杰与国家民委前政法司毛公宁司长（右一）到北京彼岸书店调研

京城特色书店——政协委员与实体书店

他山之石：京城之外的特色书店篇

引言：对一座城市来说，好书店就是值得骄傲的文化名片；对读者来说，好书店就是静谧的精神家园。读书该是一生的信仰，那些风格优美、气质独特的书店则如同城市的明灯，照亮城市人们精神的荒野。

实体书店为城市添上了一抹烂漫之光。个性鲜明、特色十足的书店，既是一座城市的文化底蕴，也代表这座城市的创造精神。成都、深圳、西安三大城市中的部分特色书店，有些书店我亲自"逛过"，调研过，有些书店只是拿到了书面资料。2016年8月起，《开卷文摘》绘制出专属业内的"书香地图"并在专栏中报道和介绍过这些书店。由于版面有限，现摘录在本书中，请读者分享一下京城之外，部分特色书店的最新经营理念和实践经验。

京城之外的特色书店篇——成都篇

引言：成都市永远有一批个性鲜明、特色十足的书店，吸引着读者和行业的目光。哪怕在网络时代，它们也有一席之地，历久弥新。有人说："要了解一个城市的文化气质，就去看看它的书店。"俯瞰成都，大大小小的实体书店不计其数，沿着环线和主干道繁密分布。

◎ 西西弗书店——技术型、做市场的书店

西西弗书店1993年在贵州遵义开业，如今已遍布贵阳、成都、重庆、南宁、广州等西南诸市，堪称民营书店的楷模。店里的顾客每天都络绎不绝，沙发上、地上、旁边的咖啡馆里坐满了埋头读书的人，成为嘈杂的商场里一道别样的风景。褐色的装潢和齐墙高的书架给人以稳重大气的感觉，墙上的周排行榜，则令读者对当下流行书刊一目了然。

地址：成都市双庆路8号华润万象城4层

◎ 今日阅读书店——用会员卡更好地服务读者

今日阅读从社区书店做起，最多时开了五六十家店，在西安、昆明、重庆等地先后开店，后来，转向为做高端书店。书店集书籍杂志、文创商品、咖啡和讲座沙龙于一体，充分适应现代生活。

地址：成都市天府大道北段新世纪环球购物中心3F

◎ 见山书局——多是关于四川人文历史、旅游攻略的书籍

见山书局中有很多书是关于四川的人文历史书籍、宽巷子的旅游攻略，也有当下最畅销的小说。书局中周边创意产品很多，小到书签、明信片，大到瓷器、珠子，琳琅满目，应有尽有。

地址：成都市青羊区宽巷子22号

◎ 成都购书中心——书店+购物中心模式

成都购书中心是新华文轩的旗舰店，于1999年开业，树立了古城新地标。它采用"书店+购物中心"模式，面积20040平方米，经营图书

品种11万个。2016年1月，成都购书中心被广大读者票选为"第二届成都商报读者口碑榜"的"成都十大文化场馆"第一名。

地址：四川省成都市武侯祠大街266号

◎ **方所书店成都店**——有"书店编辑"帮您挑选好书

是隐于都市的地下"藏经阁"，是成都的文化地标。

"方所"典出于南朝梁代文学家萧统的《令旨解法身义》："定是常住，便成方所"。它是一个"家"，一个让知性与感性得以寄托的据点，一种知识、审美与生活的完美结合。

2011年11月25日方所书店在广州诞生。2015年1月29日，方所成都店正式营业，经营面积5500平方米。营业时间从早10点到晚22点。目前，方所在全国共有四家门店，分别位于广州、成都、重庆、青岛，位于成都的店是其经营面积最大的一家。

书店的员工被称为"书店编辑"，都毕业于各高校的中文系、外文系，并喜欢阅读。他们的职责是选择好书，并思考"让一本好书放在哪里，才最容易遇到知音"。他们希望人们能在快速的城市节奏中体验一种减速的生活情调。

地址：成都市锦江区中纱帽街8号

◎ **言几又书店成都凯德店**——全国首家标准的城市创新文化一体店

2015年5月28日，首家言几又书店在成都凯德天府正式亮相，该店是全国首家标准的城市创新文化一体店，涵盖的产品业态丰富，是一家极富想象力和创造力，展现自我和个性的创意生活体验一体店。它有书，但它不只是书店；它有咖啡，但它不只是咖啡店；它有文创产品，但它不是只是创意市集。在文化精神上，言几又代表着"反定义"，象征着"无限可能性"，体现着"海纳百川，兼容并蓄"。

言几又成都凯德书店经营面积共3600平方米，图书品种数11000种，数量80000部册，以28岁至45岁人群为目标读者，重点售卖艺术设计、文学、时尚生活、儿童类图书。

据报道，2016年6月下旬，由中宣部、国家新闻出版广电总局等11个部门联合印发《关于支持实体书店发展的指导意见》中，有一句支持书店多元化复合经营的表述："对实体书店开展其他经营业务的，提供便利的工商登记注册服务。"随着新型零售业态的出现，市场上不只卖书，还经营咖啡、简餐、文创产品、活动举办甚至服装和展览的书店越来越多。

2016年年底，"言几又"和"言几又·今日阅读"这两个品牌在全国范围内共有47家分店。

地址：四川省成都市高新区天仁路388号凯德天府4F

京城之外的特色书店——深圳篇

引言：深圳是座"敢为天下先"的年轻城市，特色书店是深圳的文化地标。2013年，深圳被联合国教科文组织授予了"全球全民阅读典范城市"称号。特色书店在鹏城遍地开花，展示了旺盛的生命力，更构成了一道迷人的城市人文景观。

◎ 24小时书吧——优雅而独立的场所

作为深圳一家通宵营业的书吧，"24小时书吧"是一个亲切、包容、开放的，又是优雅而独立的场所。在白天是一个优品书店，而在夜晚则是由一本本书围合而成的私密领地。而在合适的时候，这里也可以开展主题阅读聚会，又或是创意展览。它可以是一个人的，也可以是一群知己的。

地址：深圳市福田区中心书城二层中厅西

◎ 微微书吧——深圳首家无专职店员的书吧

由50位热爱生活，喜欢阅读、旅行和注重生活品质的年轻人以众筹方式创建的书吧。这家书店拥有几乎是全市独立书店里最大的露台，是深圳首家无专职店员的书吧，顾客进店后的大部分消费均为自助完成；是深圳首家与网络图书馆结合的书吧，即O2O书吧。

地址：深圳福田区福华三路皇庭广场G层西广场G37号

他山之石
京城之外的特色书店篇

◎ **西西弗书店深圳欢乐海岸店**——进驻购物中心的书店

2016年9月29日开业，营业面积680平方米。西西弗书店诞生于1993年，以满足"客群心理共性趋势需求"为目的，打造以物理空间体验为基础、以产品运营体验为核心、以服务互动体验为增值的"三位一体"复合体验模式。从2009年西西弗诞生第一家购物中心PARK书店以来，进驻购物中心开店就一直是西西弗的主流模式。截止到2016年9月底，西西弗书店在全国达55家，覆盖近19个重点城市，在深圳已有6家连锁店。实现着"与城市对话"的功能和构想。

地址：深圳南山区白石路东8号欢乐海岸购物中心一层

◎ **覔书店龙华九方店**——"深圳十大最美书店"

"覔书店"于2014年成立。面市不久，覔书店就被誉为"深圳十大最美书店"。

"覔"古代通"觅"，其字义是探求、寻觅，会意用手和眼去寻找智慧。北宋大学者黄庭坚说道："士大夫三日不读书，便觉面目可憎，言语无味。"书店向消费者传达一种"阅读永恒的书，做最纯粹的人"的独特态度，体验"以心阅读"的过程，寻求一种积极朴素的生活方式。每年举办各式活动约150场，直接参与人数超15万人，各领域人士用自己的专业修养向听众传道解惑，点燃思想的火花。

2015年，覔书店走出深圳，把人文书香带到东莞，迄今为止，已开设5家覔书店。他们分别是：深圳龙华九方店、深圳观澜版画基地（博物馆店）、东莞东城君尚店、东莞厚街万科广场店、东莞南城壹号广场店。

地址：深圳市龙华九方购物中心一层

◎ **深圳书城罗湖总店**——国内首次以"书城"命名的书店

深圳书城罗湖城于1996年11月8日开业，在国内首次以"书城"命名，引发全国书业竞相效仿的"书城"现象，开启了全国大书城发展时代。罗湖书城首创超市化管理模式，改变当时老一套的"看得见摸不着"的柜台闭柜销售模式，创造性地建设开放性的综合图书大卖场。罗湖书城是深圳的第一代书城,是深圳书城品牌的发源地。

在深圳市的图书文化领域,深圳书城犹如天空中的一轮明月,熠熠生辉。深圳有一个说法,这个城市中心在哪里,书城就在哪里,书城永远建在城市的客厅,体现着一座城市的文明气质和优雅气度。

地址:深圳市深南东路5033号

◎ **深圳书城南山店**—— 内设23个主题特色书店

南山店于2004年7月19日正式开业,设置了优阅书吧、音像音乐书店、科普长廊、中医书斋、少儿书店等23个主题特色书店。这些主题书店空间布局合理,环境优雅宁静,营造了"躲进小楼成一统"的意趣。

地址:深圳市南山区南海大道2748号

◎ **深圳书城中心城店**—— 全世界单店经营面积最大的书城

北临莲花山公园,南接市民中心,西邻音乐厅、图书馆,东毗青少年宫,拥有地下停车位近600个,地上大巴停车位70多个,东西两边是"诗""书""礼""乐"四个各1万平方米的绿色文化主题公园。深圳书城中心城于2006年11月6日建成营业,核心概念是体验,最大的特色是它极大地拓展了阅读的内涵和外延,成为人们进行文化交流和彰显品质生活的"城市文化生活中心"。

中心书城占地8.7公顷,建筑面积8.2万平方米,为单层框架结构,经营面积4.2万平方米,是现时全世界单店经营面积最大的书城。尚书但不唯书,倡导轻松休闲的书生活,让市民在繁忙都市里共享一个自由呼吸的生活空间,一个慢下来、轻松阅读的地方。

地址:深圳市福田区福中一路2014号

◎ **宝安书城**—— 创客云集笑傲江湖的根据地

深圳书城宝安书城于2015年5月15日营业,集书店、影院、艺廊、创意空间、文化活动等模块于一体,注入了文化创意的特色。

宝安书城建筑面积3.8万平方米,精选陈列图书近20万种。

宝安书城以"书香引领生活,创意改变未来"为理念,以知识和创意为中心,跨界组合书店、影院、培训、创意文化用品、画廊、多功能展览空间、银行、咖啡甜品、主题餐饮等多种业态,使宝安书城成为创客云集笑傲江湖的根据地。

地址:深圳市宝安区建安一路272号

京城之外的特色书店——西安篇

引言:西安市,1981年被联合国教科文组织确定为"世界历史名城"的世界四大古都之一。先后有西周、秦、西汉、西晋等13个王朝在此建都。特色书店从书肆到书店,带着旧时光的气息,绽放在千年古都中。

◎ **自由穿行书吧大唐西市店**—— 隐于闹市的一片"静"土

2011年3月19日,隶属嘉汇汉唐书城旗下新品牌——自由穿行书吧诞生了。书吧的名称取自白岩松的《幸福了吗》一个名叫"free for all"的美国公共图书馆,白岩松为其翻译为"自由穿行"。每个城市和社区都将有一个或几个书店,因为他们坚信图书与每个人的生活是息息相关的,而自由穿行书吧就是嘉汇人为此目标迈出的第一步。自由穿行书吧为顾客提供舒适的阅读环境、免费的柠檬水、悠扬的爵士乐、咖啡以及小糕点,还有各种的图书签售和沙龙活动等。

地址:陕西省西安市莲湖区劳动南路1号

◎ **猫的天空之城书店**—— 有"寄给未来"的特色服务

作为一家连锁书店,它有着自己的特色。"一家书店温暖一座城市",浓郁的生活气息和文艺小清新的装修风格,俘获了不少旅行者和学生党们的心。最具有特色的是一面面明信片墙,让明信片爱好者爱不释手,还有"寄给未来"的特色服务。

地址:西安市未央路33号未央印象城L1-11

◎ **西安古旧书店**—— 封尘旧事悄然零落于此

旧中有新，新中藏旧，古风浓郁，阅古赏今，品旧论新。书架和柜台里的仿古文书仿佛十三朝烟雨尽在眼底，封尘旧事悄然零落于这旧楼之中。孤本的，唯一的，人无我有的专、精、尖成为最大特色。

地址：陕西省西安市碑林区南院门102号

◎ **曲江书城**—— 1.8万平方米的城市文化生活空间

曲江书城于2016年9月28日开业。

书城以建立城市文化生活空间为宗旨，面积1.8万平方米，其中图书经营面积8000平方米。以文学艺术、人文社科、少儿读物、外文原版为主，外文原版有2万个品种。读者可以在中央大厅的挑空区静坐阅读。

地址：西安曲江新区芙蓉南路曲江新天地10号楼

◎ **万邦书店卜蜂莲花店**—— 一张文化名片的诗和远方

"万邦"二字，缘自《诗经·小雅》一文中的"文武吉甫，万邦为宪"，引此八字意指万邦书店的企业精神和价值观。

2004年7月15日，万邦书店卜蜂莲花店开业。2016年"世界读书日"万邦书店卜蜂莲花店、万邦书店石鱼书房、万邦书店书房咖啡和万邦书店曲江龙湖星悦荟店同时举行的"何处不读书"活动，拓展了文化人的后院，读书人的书房。

地址：西安市高新区唐延路3号卜蜂莲花超市二层

◎ **嘉汇汉唐书城**—— 一个多功能现代化文化书城

2002年12月8日，嘉汇汉唐书城开业。书店以诚信立足文化、服务传播文化、奉献引领文化为宗旨。经营面积约1.2万平方米，经营各类别图书约17万种，图书50万余册，逐步实施整合自有资源、打造书业连锁的经营思路。

地址：西安市雁塔区长安中路111号嘉汇大厦一至四层

后语：
特色是实体书店持续发展的生命线

新世纪以来，世界局势瞬息万变，以移动互联网、大数据、机器人、人工智能为标志的"第四次工业革命"正在颠覆传统生产和组织方式（包括传统实体书店）。因而，实体书店如何适应"第四次工业革命"的新的形势，如何调整经营发展方式、提升劳动者适应力、迎接科技进步与人文需求的碰撞？如何走出困境？是目前实体书店所面临的新的严峻的亟待解决的问题。

《京城特色书店——政协委员与实体书店》这本书适时地回答了这些问题。因此也可以说，这本书是打开书店发展瓶颈的钥匙。

首先，这本书对于准备经营实体书店的老板是"前车之鉴"，书中介绍的这些实体书店既有成功的经验，也有失败的教训，还有对书店未来前景的展望。

实践证明，传统书店通过售书赚取利润的方式已经难以适应当今时代，图书是无差别的标准化商品，特别适合网络销售。在电商时代，商业模式的转型是在所难免的。实体书店存在的理由，不仅在于提供书籍与知识，还在于其与城市文化的关系越来越紧密，逐渐融入了都市生活的新场景。

未来的实体书店将成为一个文化聚集场所，成为人们灵魂安宁休憩、补充精神食粮的"心灵港湾"，这样的书店是：图书馆＋阅读空间＋精神休闲场所＋分享交流之地——阅读是主要行为，交流分享是重要功能，买书只是附加行为。

"明者因时而变，知者随事而制。"书店经营者要摒弃不合时宜的旧观念，冲破制约发展的旧框框，要有求真务实的态度、破冰前行的勇气、创新发展的智慧，才有可能把"人流"变现为"现金流"。

实体书店如果要生存、要发展、要利润，书店经营者必须转换理念，在经营中要创造自己的特色。简单的一句话：特色是实体书店永恒发展的生命线！

其次，《京城特色书店——政协委员与实体书店》这本书对于读者来说是最新、最实用的"书店指南"，书中涉及的北京47家书店以采访时间先后为序，重点介绍其经营内容、经营特色及其地址、电话、乘车路线等，使读者身临其境。

再次，《京城特色书店——政协委员与实体书店》这本书，对于现职的政协委员、人大代表如何撰写具有前瞻性的优秀提案和优秀建议案，是个很好的教材；刘明清委员此次撰写的《关于实体书店政府要给予资金扶持的提案》，是一定会被历史铭记的优秀提案。

在编著此书的过程中，我有幸近距离地接触到了北京市委、市政府部分管理实体书店的大小官员，亲身感受到了这些怀揣理想的官员们，在依法履职中求真务实的工作作风，从心里为这些公仆们竖起了丰碑。我还有缘近距离接触了国营书店的经理、职工，民营书店的老板和员工们，亲身感受到他们勤奋敬业的主人翁责任感和艰苦创业时代精神，使我肃然起敬。

我认为这些特色书店是北京最美的书店——有千姿百态的美。这些书店的店长、经营者是北京最美的人——有不同岗位的美。《京城特色书店——政协委员与实体书店》里记载的人物和故事，是让我心动、感动的原因。这本书是第一辑，将来会有第二辑、第三辑不断地出版，不断地将我心中最美的书店人和书店故事奉献给各位读者。

由于自己写作水平有限，没能尽善尽美地写好上述各位时代的英雄们，敬请大家提出批评指正。

在这里，特别感谢马新明副书记在百忙之中为本书拨冗作序。

特别感谢北京市新闻出版广电局的领导和印刷发行处的领导、同志们的支持与鼓励。

感谢陪伴我在酷暑严寒中调研实体书店的同志们。

感谢为此书提供素材、照片和接受采访的朋友们。

感谢中国书店出版社的领导、责编杭玫主任，北京盛通印刷股份有限公司栗延秋总经理。

感谢吴新秋、王小英等所有为此书出版提供帮助的朋友们。

最后，谨以我喜欢的一句话奉献给您：没有读者的书店是寂寞的。不管晴天雨天，只要有时间，让我们一起踏进书店，将自己的思绪沉浸于书中的字里行间吧！

李士杰

农历丁酉年立春于北京农展馆

图书在版编目（CIP）数据

京城特色书店：政协委员与实体书店 / 李士杰编著．
——北京：中国书店，2017.3
ISBN 978-7-5149-1654-6

Ⅰ．①京… Ⅱ．①李… Ⅲ．①书店—商业经营—概况
—北京 Ⅳ．① G239.23

中国版本图书馆 CIP 数据核字 (2017) 第 028641 号

京城特色书店——政协委员与实体书店

李士杰　编著

责任编辑：杭　玫
文字校对：王小英
封面设计：王小英

出版社	中国书店
地　址	北京市西城区琉璃厂东街 115 号
经　销	北京华视伟业文化发展有限公司
电　话	010-58390017
制　版	北京盛通印刷股份有限公司
印　刷	北京盛通印刷股份有限公司
开　本	787 毫米 × 1092 毫米　1/16
印　张	19.5 印张
版　次	2017 年 3 月第 1 版
印　次	2017 年 3 月第 1 次印刷
书　号	ISBN 978-7-5149-1654-6
定　价	58.00 元

版权所有，侵权必究
如有印装错误可随时退换